KÄTHE LACHMANN

VERLETZLICH
IST DAS NEUE
STARK

Warum es sich lohnt, Schwäche zu zeigen

INHALT

Tu mir nix!

~~~~~~

Wir Menschen sind von Haus aus schon einmal rein körperlich ziemlich verletzlich. Die meisten von uns werden ohne Panzer geboren (ja, alle, – das war ein Scherz!), sind also recht anfällig für dies und das und müssen zuallererst davor beschützt werden, sich in irgendeiner Weise zu verletzen, um groß und stark werden zu können.

Denn für Verletzungen gibt es im Leben mannigfaltige Möglichkeiten: Wir können die Treppe herunterfallen und uns etwas brechen oder auf dem unbehelmten Kopf aufkommen und eine Gehirnerschütterung kriegen, wir können uns verbrühen (zum Beispiel in der Küche beim Kürbissuppe oder irgendetwas anderes kochen) oder schneiden (ebenda); nicht nur im Wilden Westen (auch beim Duell) können wir angeschossen oder gar erschossen werden und im ganz normalen Straßenverkehr an- oder überfahren werden.

Man kann uns auch vergiften, verprügeln, vergewaltigen. Ersticken geht (ohne Luft), erstechen (oder nur piksen), auch verbrennen kann vorkommen, ertrinken (viel Wasser!) ist möglich.

Eine Operation kann fehlschlagen (sorry!), Gliedmaßen können uns abfaulen (Zehen, Ohren, Nase etc.), wir können sie uns quetschen und einklemmen (Finger und Autotür! Aua!), und wir können erfrieren (oder nur Teile von uns, etwa Zehen, Ohren, Nase etc.). Eine Schlange kann uns beißen (oder ein tollwütiger Hund) oder eine Mücke stechen (oder eine Wespe! Biene! Hornisse!), unsere Speiseröhre kann von zu scharfer Speise reißen (Chili!), wir können mit Krankheitserregern (haben Salmonellen irgendetwas mit Lachs zu tun?) infiziert werden und einen Schnupfen bekommen oder gefressen werden (nein, nicht von Salmonellen – von waschechten Kannibalen), traumatische Erlebnisse können uns krankmachen, wir können einen Stromschlag bekommen oder explodieren. Vielleicht.

Gelenke und Organe nutzen sich ab (je älter wir werden) oder sind schon genetisch bedingt nicht völlig in Ordnung. Wir können verhungern und verdursten, zu wenig Licht (Goethe: »Mehr Licht!« Zack – tot) und zu wenig Sauerstoff können uns krank machen. Wir können uns die Haut aufschürfen, uns überfressen (siehe *Attila, der Hunnenkönig*), das Falsche essen, zu viel trinken, das Falsche (immer aufs Etikett achten!) trinken. Einen Hitzschlag bekommen können wir auch oder vom Blitz getroffen werden (Eichen sollst du weichen, Buchen sollst du auch nicht aufsuchen). Es kann etwas auf uns fallen, und wir können uns überanstrengen und dann mindestens Muskelkater kriegen. Wir können die falschen Drogen nehmen. Wir können eine Allergie entwickeln. Erblinden (aber nur vom Masturbieren). Stolpern und uns etwas ausrenken/auskugeln. Uns auf die Zunge beißen (selbst Vegetarier!).

Und dann gibt es das alles noch in den verschiedensten Kombinationen. Also mit ausgekugelter Schulter vom Baum fallen, wo man einen vergifteten Apfel gegessen hatte, und dann unten mit Schürfwunden auf der Straße liegen und von einem Auto angefahren werden, das – mit einem selbst darunterliegend – explodiert. Jetzt mal nur als Beispiel.

Wenn man sich das so durchliest, merkt man: Wir Menschen sind wirklich ziemlich verletzliche Wesen. Außer, wir sind Superman. Aber das sind ja bekanntlich nur wenige von uns.

Wir denken aber selten an all die Missgeschicke, die uns widerfahren könnten. An manche haben wir uns auch gewöhnt (Mückenstiche! Schnupfen!), und bei manchen ist die Wahrscheinlichkeit so gering, dass wir davon ausgehen können, dass wir niemals damit behelligt werden (Schlangenbiss nur im Sommer im Süden ohne Schuhe im hohen Gras; in eine Schießerei geraten genauso selten, aber auch mit Schuhen und ohne Gras). Vielleicht orientieren wir uns an Statistiken, um Gefahren zu umgehen, oder wir schützen uns entsprechend mit passender Kleidung (Kondome, Helme, Schutzanzüge, Schutzbrillen, Taucherausrüstung, kugelsichere Westen) oder mit entsprechenden Maßnahmen (Impfungen, weiträumiges Umschiffen von potenziell gefährlichen Situationen, nur mit Schuhen im hohen Gras im Süden. Im Sommer. Regelmäßige Kontrollen beim Arzt, gesunder Lebensstil, nirgendwo hinaufklettern, von wo man hinunterfallen könnte).

BODY AND SOUL

Aber die meiste Zeit leben wir einfach fröhlich vor uns hin und denken an nichts. Also an nichts, was uns passieren könnte. Und das ist auch genau richtig so, sonst würde man ganz verrückt werden, wenn man immerzu daran denken würde, dass man ertrinken, erfrieren, ersticken – na, du weißt schon.

Und wir sind aber ja nicht nur körperlich verletzlich, nein, wir sind auch sensibel, kränkbar, unsere Seele ist verletzlich, aus körperlichen Verletzungen können seelische entstehen und auch andersherum.

Vor allem im zwischenmenschlichen Umgang ist unsere Seele sehr verletzlich. Denn wir brauchen unsere Mitmenschen, Freundschaften, Beziehungen und ein respektvolles Miteinander. Wir sind auf das Wohlwollen anderer angewiesen, damit es uns gutgeht und wir seelisch intakt bleiben. Und wir haben Angst, dass sie uns meiden, wenn wir ihnen unsere vermeintlichen Schwächen zeigen, und schämen uns deshalb für alles Mögliche und behalten unsere Macken für uns.

Wie wir besser mit dieser ganzen Verletzlichkeit umgehen können, ohne ständig verletzt zu sein, darum geht es in diesem Buch. Aber Vorsicht: Alles, was du hier liest, entspringt meinen eigenen Erfahrungen und Überlegungen als verletzlichem Wesen. Und denen bekannter (und deshalb nicht weniger verletzlicher!) Menschen und Verletzlichkeits-Profis wie Dr. Zorawski.

Ich wünsche mir sehr, dass du dich nach der Lektüre weniger oft schämst und deine »Schwächen« als wertvollen Teil deiner Persönlichkeit anerkennen kannst.

Ein Dankeschön an Dr. Michael Zorawski. Er ist approbierter Psychologischer Psychotherapeut mit Schwerpunkt Kognitive Verhaltenstherapie in Hamburg und Norderstedt und hat mir auf meine Fragen kluge Expertenantworten gegeben.

Hab mich doch lieb

Herr Dr. Zorawski, wozu brauchen wir denn eigentlich unsere Mitmenschen?

Der Mensch ist ein soziales Lebewesen, was zunächst evolutionäre Gründe hat. Wir brauchen zumindest einen Mitmenschen, um uns fortzupflanzen. Als Baby und Kind sind wir auf unsere Eltern angewiesen, um zu überleben und uns zu entwickeln. Aber auch darüber hinaus sind wir sozial organisiert, in Familien, Gruppen, Vereinen usw. Das erhöhte seit jeher die Chancen auf unser Überleben, vom besseren Schutz vor wilden Tieren vor 100 000 Jahren bis hin zur garantierten Minimalversorgung im modernen Sozialstaat. Die, die besonders sozial veranlagt waren, hatten größere Überlebens- und Reproduktionschancen und konnten somit ihre Gene mit höherer Wahrscheinlichkeit in die nächste Generation einbringen. So hat sich diese Neigung im Verlauf der Menschheitsgeschichte immer mehr ausgeprägt. Subjektiv erlebt, äußert sich das darin, dass Menschen die Nähe anderer Menschen suchen, nicht nur wegen Sicherheit und Sex, sondern auch, um komplexere Ziele zu verfolgen. Kulturelle Entwicklung, wissenschaftlicher und technischer Fortschritt, Wettbewerb und Kooperation, Sinnstiftung und Spaß, Romantik und Geborgenheit sind ebenfalls Ausdruck unserer sozialen Neigung. Deren Ausprägung kann genetisch oder umweltbedingt jedoch variieren. So ist eine zentrale angeborene Persönlichkeitsdimension der Grad unserer Intro- beziehungsweise Extrovertiertheit. Einige Menschen fühlen sich im Zentrum der Aufmerksamkeit am wohlsten, andere sind lieber am Rand oder ganz für sich. Zudem spielt das Kollektiv im Vergleich zum Individuum in einigen Kulturen oder politischen Systemen eine mehr oder weniger große Rolle.

Wir brauchen unsere Mitmenschen also nicht nur, sondern wir bevorzugen es auch oder genießen es gar, unser Leben in Gesellschaft zu führen. Das menschliche Miteinander gehört zu einer gesunden Psyche und einem zufriedenen Leben. Diese Faktoren beeinflussen sich gegenseitig. Negative zwischenmenschliche Erfahrungen gefährden unsere psychische Gesundheit und Lebenszufriedenheit. Psychische Störungen wiederum können zu Problemen im Kontakt mit unseren Mitmenschen führen.

Probleme im Kontakt mit unseren Mitmenschen? Das ist mir sowas von egal, denken die wenigsten von uns. Im Gegenteil, wir neigen dazu, uns im besten Licht darzustellen, denn es gibt die unterschiedlichsten Dinge, für die wir uns schämen, die uns kränkbar und angreifbar machen, Fähigkeiten, die wir nicht erlernt haben (zum Beispiel auf Kommando schielen), körperliche Gegebenheiten, die uns wie ein Mangel erscheinen (Dinkelackerspoiler), Ängste, die wir seit der Kindheit mit uns herumschleppen (der böse Watz!), Minderwertigkeitskomplexe (»Ryan Gosling würde mich niemals heiraten!« – »Aber der ist doch schon verheiratet!« – »Aber nicht mit mir!«), Schüchternheit (Ich trau mich nicht. Egal, was.) und vieles mehr. Wir sind verletzlich. Aber was bedeutet das?

Wir wollen uns damit nicht befassen. Wir verstecken unsere Schwächen und denken nicht über unsere Verletzlichkeit nach, schließlich haben wir dafür auch überhaupt keine Zeit. Wir haben nämlich ständig zu tun, wir rennen durch die Gegend, hasten von Termin zu Termin, holen die Kinder von der Schule ab und bringen sie zum Chinesisch-Unterricht und hetzen zum Meeting und besorgen auf dem Weg noch schnell ein Brot und telefonieren währenddessen mit dem Hand-

Brené Brown, eine US-amerikanische Autorin psychologischer Schriften, die seit Jahren unter anderem zum Thema Verletzlichkeit forscht, schreibt: »Verletzlichkeit ist der Kern aller Emotionen und Gefühle. Zu fühlen heißt, verletzlich zu sein.«

werker und holen das nächste Kind schon mal vom Schlagzeug-unterricht ab, und das muss dann eben mit zum Friseur, und da sitzt es dann und darf mit dem Tablet spielen, und dann müssen noch die Winterreifen runter und die Sommerreifen drauf, des-halb müssen wir nach dem Friseur die anderen Kinder mit dem Taxi abholen, und dann kommt das Kindermädchen nicht recht-zeitig, und wir sind eine Viertelstunde zu spät beim Yoga, wo wir uns endlich entspannen können. Für anderthalb Stunden. Dann aber schnell nach Hause und auf dem Weg den Mann anrufen, dass er das vergessene Kind vom Chinesisch-Unterricht wieder abholt, und das Meeting für morgen vorbereiten.

Und die kluge Leserin hat schon gemerkt, dass ich da etwas reingeschmuggelt habe in die Aufzählung: Na? Was? Richtig, den Friseur! Denn bei all der Hektik wollen wir auch noch gut aussehen. Neue Strähnchen wollen wir, am besten über das Grau. Frische Strähnchen, damit die Haare aussehen wie frisch aus dem Malediven-Urlaub. »Ach, das war alles die Sonne – ich bin eigentlich ja wesentlich dunkler!«. Das stimmt nur sehr selten. Leider. Ich weiß es, ich habe selbst Strähnchen. Eigent-lich habe ich so viele Strähn-

Wann will man da an einen eingewachsenen Zehennagel denken? Oh, den habe ich oben ganz vergessen. Zu spät! Wir haben ihn sowieso vergessen bei all den Terminen und Meetings und Telkos und allem.

chen, dass es einfacher wäre, die anderen Haare dunkler zu ma-chen. Aber davon ginge das Grau ja nicht weg. Doch genug von mir, bleiben wir bei uns: Wir wollen nicht nur gut aussehen, wir wollen perfekt aussehen. Deswegen gehen wir joggen (nicht JEDEN Tag, meine Güte! Donnerstag ist Pause, deshalb fehlt der oben) und kaufen diesen sehr sauren Joghurt mit 0,3 % Fett, in den wir unsere ungezuckerten Cranberries rühren. Superfood! Natürlich Cranberries! Superfood essen wir am liebsten! Chia und Quinoa und Hirse und Avocados! Weil die wahnsinnig ge-sund sind. Damit wir nicht explodieren – also, daran denken wir dann schon auch manchmal. Und wir trinken Grünkohl-Mango-Avocado-Smoothies. Und machen Yoga, fürs Anti-Aging. Wieso Anti-Aging? Führt das direkt zum Tode, oder wie? Das ist ja traurig! Aus dem Herabschauenden Hund direkt ins Grab? *Perfect Future* stand mal auf einer Gesichtscreme, und das hört sich auch viel besser an!

Wobei es regional verschieden ist, ob man seine Verletzlichkeit zeigt oder nicht. So soll man im Schwabenländle gar nicht den Eindruck vermitteln, dass einem alles ganz locker von der Hand geht: »Sie sähet aber arg abgschafft aus!« ist eins der größten Komplimente in Baden-Württemberg. Das ist gut, wenn man bedenkt, dass ein weiteres, noch größeres Kompliment lautet: »Sie send a Fässle!« Also ein kleines Fass. Und wer möchte schon damit verglichen werden? Aber bleiben wir beim »abgschafft« aussehen, abgearbeitet also. Wieso verdient das Respekt? Im Schwäbischen ist es klar: Weil man nicht nur auf der faulen Haut liegt, sondern sich abrackert, etwas tut, arbeitet, fleißig ist. Und dafür gibt es natürlich höchste Anerkennung!

Also am liebsten wollen wir sehr viel arbeiten und dabei auch immer sehr gut aussehen. Und statt uns der Gründe für unsere Augenringe anzunehmen und dafür zu sorgen, mehr zu schlafen und gesünder zu leben, überschminken wir sie einfach. Oder wir spritzen ein bisschen Botox, nur ein klitzekleines bisschen und auch gar nicht oft und auch nur, weil wir da eine Kosmetikerin kennen, die hat da ab und zu was übrig, und das spritzt sie dann ein bisschen in die Stirn, nur wegen der Sorgenfalten, die Lachfältchen will ich ja behalten, um Gottes willen, natürlich, ich will ja nicht aussehen wie Nicole Kidman! Hm, mein Kinn könnte auch etwas

Genauso wie im ganzen Land ein Burn-out, Herzinfarkt oder Magengeschwür honoriert wird: »Toll, da hat sich jemand krank gearbeitet!« Extrem bewundernswert für viele. Nur schade, dass er sich nicht totgearbeitet hat – naja, kann ja noch kommen.

straffer sein und die Reiterhosen – ich reite doch gar nicht, und die stören mich noch nicht. Nicht so sehr, jedenfalls. Immer eins nach dem anderen.

Wir perfektionieren uns äußerlich, wenn es sein muss, auch chirurgisch, und wir optimieren unser Leben. Wirklich. Es wird alles sehr viel optimaler! Und einfacher. Zum Glück leben uns die ganzen Promis vor, wie man auszusehen hat und was man zu essen und zu tun hat, dann muss man sich das nicht auch noch selbst überlegen, das kostet Zeit, und man würde sich eventuell aus Versehen mit sich selbst beschäftigen und damit, wie wir wirklich leben wollen, was uns ganz und gar erfüllt und was uns traurig macht und wofür wir uns schämen.

Selten sind wir wirklich bei uns und dem, was uns wirklich beschäftigt, weil wir mit dem um uns herum so viel zu tun haben. Und zu dem, was sowieso schon an Stress und Hektik und Aufgaben um uns herum los ist, fügen wir noch mehr hinzu, was uns von uns ablenkt

Wir twittern und posten unser Essen (Sellerieschnitzel mit Quinoa und Bohnen! Lecker!) und ein neues Augen-Make-up (Magic Eyes!) und einen tiefsinnigen Spruch von Paulo Coelho (»Man ertrinkt nicht, weil man unter Wasser taucht, sondern weil man unter Wasser bleibt.«) und ein Foto davon, wie süß unser Hund gerade daliegt (süß!), und dass wir uns auf den Urlaub freuen oder wie schön wir es am Meer finden, und machen weiter damit, so zu tun, als sei alles wunderbar, und gleichzeitig hoffen wir jedes Mal, wenn wir in eines unserer Social-Media-Konten starren, dass wir aus unserer selbstverschuldeten Einsamkeit geholt werden, durch eine Unmenge von Likes unter unserem Selfie mit Aperol Spritz in der Hand vor dem Sonnenuntergang (witzig, die Farben vom Spritz und vom Sonnenuntergang sind sich total ähnlich!). Denn die Likes zeigen uns, dass wirklich alles in unserem Leben so super ist wie auf dem Bild aus dem Urlaub (Ein Schnäppchen! Und echt tolles Wetter!), den wir uns sowas von verdient haben!

Und in Wirklichkeit ist vielleicht gar nichts gut, aber das wollen wir niemandem zeigen und schon gar nicht uns selbst, weil wir uns in unserer Unvollkommenheit schlecht aushalten. Wir decken unser Inneres zu, mit Arbeit, mit Ablenkung, mit einem Leben im schönen Schein. Wir werden immer perfekter darin, uns zu inszenieren, immer dünner, mit immer weißeren, geraderen Zähnen und immer strahlenderem Lachen. Bis wir alle gleich aussehen.

Und wenn wir dann doch mal ein kleines bisschen an uns zweifeln oder traurig sind oder beginnen, etwas infrage zu stellen, dann kritisieren wir uns dafür selbst am meisten. Unser innerer Kritiker ist so ein Arsch. Denn als wäre unser Leben nicht schon hektisch und anstrengend genug, gibt er immer noch seinen Senf dazu: Du musst mehr schaffen! Du bist faul! Du verdienst zu wenig! Du bist eine Rabenmutter! Du bist zu fett! Zu schlaff! Zu irgendwas, aber auf jeden Fall zu! Und gleichzeitig zu wenig!

Im Uns-selbst-Kritisieren sind wir Weltmeister!

Herr Dr. Zorawski, hat jeder von uns einen »inneren Kritiker«? Ist das gar gesund?
Kritik bedeutet zunächst einmal Beurteilung. Und wer sein eigenes Handeln nicht beurteilt, der kann es auch nicht korrigieren und auf seine Lebensziele, Normen und Werte ausrichten. Insofern ist ein »innerer Kritiker« nicht nur ganz normal, sondern auch gesund. Wichtig ist dabei nur, dass die innere Kritik rational und konstruktiv ist.

Der Begriff »innerer Kritiker« meint zumeist eine negative Stimme, die einen pauschal abwertet (»Wenn ich die Klausur nicht bestehe, bin ich ein Versager.«), Dinge fordert, die nicht in unserer Macht liegen (»Ich muss diesen Job kriegen.«), und mit zweierlei Maß misst (andere behandeln wir oft wohlwollender als uns selbst). Das ist dann nicht mehr gesund und kann zu Selbstwertproblemen und psychischen Störungen führen.

Es gab einmal eine Studie vom Haut- und Haarpflegeprodukte-hersteller *Dove*. In der wurden Frauen befragt, was sie alles an sich nicht mögen. Sie setzten sich dann zu zweit in ein Café und redeten über sich, als wäre es jemand anderes, also in etwa so: »Carola ist richtig fett. Die hat aber auch so zugenommen! Und diese Tränensäcke – also, da muss man doch mal etwas machen!« Sie lästerten schlimm ab und gaben sich nicht viel Mühe, leise zu sprechen. Die anderen Leute in dem Café waren entsetzt. Einige Frauen kamen an den Tisch und sagten: »Wie reden Sie über ihre Freundinnen, die sich nicht verteidigen können?« – Aber sie waren ja da. Sie redeten über sich selbst. Es ist erschreckend, wie wir über uns selbst denken und sprechen, wir wären zutiefst empört, wenn andere so über uns sprächen.

Das kennt bestimmt jeder, dass man mal sagt: »Ich bin aber auch zu blöd! Wo habe ich dämliches Ding schon wieder den Schlüssel hingetan?« oder ähnlich. Es fühlt sich nicht sonderlich schlimm an, wenn man das zu sich selbst sagt. »Boah, ich Doofi!« oder »Wie kann man nur so bescheuert sein?« klingt für einen selbst ganz normal.

Ganz oft nennen wir uns »dämlich«, »trantütig«, »Heul-suse« etc. Oder mache nur ich das? Das wäre mir jetzt wirklich peinlich. Ich will darauf hinaus, dass wir mit uns selbst gnädig sein sollten. »Warum kann ich das nicht?« sollte nicht mit »Ich dämliche Ziege!« weitergehen, sondern mit: »Na, dann eben nicht. Dann lasse ich mir das noch einmal zeigen.« Oder: »Das muss ich noch üben.«

Wenn man sich vorstellt, ein anderer spricht so mit einem, dann kann das ganz schön wütend machen! Wir selbst aber tun es.

Wir haben doch allen erdenklichen Grund dazu, nett zu uns selbst zu sein, uns mit all unseren Unsicherheiten und Schwä-chen anzunehmen und zu sagen: Das bin alles ich. Und das ist völlig okay. Und ich bin noch viel mehr. Ich mag mich. Außer-dem kann ich einen tollen Kartoffelsalat machen, und ich weiß den *Erlkönig* noch ganz auswendig. Und ich bin eine 1-a-Freundin und -Patentante.« Wir sollten uns immer wieder darauf berufen, was wir an uns gut finden. Und was wir mögen.

Herr Dr. Zorawski, kann man das üben?

Es macht Sinn, sich seiner Stärken und Ressourcen bewusst zu sein und sich zu freuen, wenn man sich im Einklang mit den eigenen Werten befindet oder seinen Zielen nähergekommen ist. Auch in der Psychotherapie wird oft versucht, den Selbstwert zu »stabilisieren« oder zu »erhöhen«, indem man sich darauf besinnt, was man gut kann oder was andere an einem mögen. So ein Ansatz ist jedoch nicht unproblematisch. Menschen kommen nicht mit den gleichen Grundvoraussetzungen zur Welt. Wie schön, stark oder intelligent man wird, liegt zu einem großen Anteil an den Genen. Und im Anschluss wächst jeder in seiner Umwelt auf und durchlebt eine mehr oder weniger problematische Kindheit und Jugend. Beides ist also dem Zufall geschuldet, und es wäre unsinnig, sich für das eine oder andere verantwortlich zu machen.

Genauso wenig ist es sinnvoll, die Schwächen durch irgendwelche Stärken aufzuwiegen: »Ich bin zwar durch die Prüfung gefallen, aber niemand macht so gute Lasagne wie ich!« Das mag schon kurzfristig funktionieren, aber man bliebe im gleichen Hamsterrad gefangen. Üben sollte man eher, seine Gefühle nicht pauschal von Leistung, Beliebtheit oder Status abhängig zu machen. Das würde viel an Angst, Scham, Ärger und Niedergeschlagenheit ersparen. Die Inhalte der Betrachtung sind zwar die gleichen (»Ich bin durch die Prüfung gefallen.«), aber die Schlussfolgerung ist eine, die sich auf eigene Ziele und Werte bezieht (»Schade, nun muss ich nächste Woche zur Nachprüfung.«), statt auf ein pauschales Selbstwertgefühl (»Ich bin ein Loser.«).

Für solch eine Haltung bedarf es oft viel Übung. Neue Muster im Gehirn müssen zunächst geformt und eintrainiert werden. Sonst reagieren wir in aller Regel im Autopiloten, was bedeutet, dass unser Denken, Bewerten und Handeln auf Basis alter und potenziell schädlicher Muster abläuft. Vor allem, wenn der Alltag gerade sehr monoton oder stressreich ist. Der Bauch muss lernen zu glauben, was der Kopf schon weiß.

Und was andere Gutes über uns sagen, dürfen wir ruhig auch glauben! Das kommt ja dann auch noch dazu. Wenn jemand uns lobt, etwas Nettes sagt, vermuten wir gleich entweder eine Lüge (»Der ist doch besoffen! Ich habe Schlupflider und keine schönen Augen!«) oder einen Hintersinn (»Das sagt die doch nur, weil sie heiß ist auf meinen Job, die blöde Kuh!«).

Unser Autopilot kann »ungünstig programmiert« sein, weshalb oft eine rationalere Analyse von Vorteil wäre: So erkennt man besser, dass Kritik zwar bellt, aber nicht unbedingt beißt.

Was, wenn wir Lob und Komplimente einfach annehmen und uns darüber freuen würden? Bräche uns dann ein Zacken aus der Krone? Aus welcher Krone? Na, wir sind doch alle Königinnen und Könige unseres Lebens! Und so können wir uns auch selbst behandeln. Uns selbst öfter auf die Schulter klopfen, wenn etwas gut gelungen ist.

Wem stehen wir näher als uns selbst? Wie wollen wir denn nett zu anderen sein, wenn wir es nicht einmal zu uns sein können? Warum fällt es uns so schwer, uns selbst zu vertrauen, auf unsere Fähigkeiten zu vertrauen?

Ich hatte in meiner Zeit auf den Kleinkunstbühnen Deutschlands immer mal wieder ganz plötzlich, aus dem Nichts, den Gedanken: »Ich kann das alles doch gar nicht. Was, wenn das jemand herausfindet? Bisher hatte ich einfach Glück ...« Wie froh war ich, als mir sowohl eine befreundete Kollegin als auch eine Journalistin, die beide erfolgreich in ihren Metiers sind, erzählten, dass sie genau diese Gedanken auch ab und zu haben. Dass sie sich wie Hochstaplerinnen fühlten und auf den Tag warteten, an dem ihr Betrug aufgedeckt würde. »Wenigstens bin ich damit nicht alleine«, dachte ich.

Natürlich ist es Quatsch, seinen Selbstwert (wir nennen es oft Selbstbewusstsein) von anderen abhängig zu machen, aber es tut doch sehr gut zu wissen, dass wir viele sind, die diese Komplexe haben. Und wenn wir bei anderen nicht verstehen, warum sie unter den Komplexen leiden, können wir vielleicht auch gnädiger mit uns selbst sein.

Herr Dr. Zorawski, wie kann man ein gesundes Selbstwertgefühl entwickeln?
Ein gesundes Selbstwertgefühl ist möglichst nicht an Bedingungen geknüpft. Bei der Entwicklung des eigenen Selbstwertkonzepts spielt das Elternhaus eine große Rolle, wenn auch nicht die einzige. Das gesamte Umfeld kann Einfluss nehmen bei der Vermittlung von Werten und der Haltung zu sich selbst. Auch muss man den Zeitgeist berücksichtigen: Unsere Gesellschaft ist geprägt durch Globalisierung, Digitalisierung, Konsum und Soziale Medien. Werte wie Leistung, Attraktivität, Beliebtheit und Erfolg werden hochgehalten, sodass manch einer lernt, seinen Wert davon abhängig zu machen. Je nachdem, wie sehr man mit Talent, Schönheit oder Wohlstand gesegnet ist, ist es mehr oder weniger realistisch, solche Selbstwertbedingungen dauerhaft zu erfüllen.

Oft führt dies jedoch zu emotionalen Problemen, wie etwa Scham, Angst oder Burn-out. Sich von dem Anspruch zumindest etwas frei zu machen und das Wohlbefinden möglichst wenig daran zu koppeln kann eine Herausforderung sein. Wie gut das gelingt, hängt stark davon ab, wie man aufgewachsen ist, welche Lebensereignisse einen geprägt haben und welche Werte einem vermittelt wurden. Es hat immer Gründe, »warum man wie tickt«, und womöglich waren heute ungesunde Leitsätze früher wichtige »Überlebensstrategien« (zum Beispiel, gute Noten schreiben zu müssen, um sich einer Bestrafung zu entziehen).

Es ist nie zu spät, an einem gesünderen Selbstwertkonzept zu arbeiten. Man kann es lernen wie eine Fremdsprache, entweder allein oder im Rahmen einer Psychotherapie.

AXEL HACKE ÜBER VERLETZLICHKEIT

Axel Hacke ist ein deutscher Journalist und Schriftsteller und setzt sich jede Woche in seiner Kolumne des Süddeutsche Zeitung Magazins mit dem Besten aus aller Welt auseinander.

Wie mutig waren Sie als kleiner Schuljunge?

Ich weiß nicht: Wann ist man »mutig« als Kind? Meine Kindheit spielte im Wesentlichen in den Sechzigerjahren, damals waren wir als Kinder sehr frei, es gab keine Fernüberwachung per Handy. Man ging aus dem Haus und sollte zum Essen wieder da sein, und wo man zwischendurch so war, das wussten die Eltern eigentlich nicht so genau.

Wir gingen oft Risiken ein, ohne zu wissen, dass es welche waren, das ist ja eigentlich nicht mutig. Wir waren es zum Beispiel auch gewohnt, uns zu prügeln oder verprügelt zu werden, und in dieser Hinsicht war ich sicher nie mutig. Physischen Auseinandersetzungen bin ich eher aus dem Weg gegangen, ich mochte das nie, weil ich einfach nicht gerne zugeschlagen habe – und das hätte man aber eben gemusst, sonst wäre man verloren gewesen. Also habe ich die Beine in die Hand genommen, wenn es ernst wurde in dieser Hinsicht, was wahrscheinlich nicht feige war, sondern nur vernünftig. Aber geträumt habe ich schon davon, dem einen oder anderen mal ganz simpel eine reinzuhauen. War aber eben nicht mein Ding. Was meinen Rang auf der Straße nicht gerade sonderlich erhöhte. War schade, aber nicht zu ändern.

In diesen Zeiten war vieles schon recht gruselig für uns Kinder, zum Beispiel führte ein Teil meines Schulwegs durch einen Wald, und da erzählte man sich immer Horrorstorys von Selbstmördern, die da am Baum gehangen hätten – ich würde nicht ausschließen, dass das sogar stimmte. Andererseits war es für uns normal, da im Wald zu spielen, Frösche zu fangen an den mit Wasser gefüllten Bombentrichtern zum Beispiel. Oder, als Mutprobe, im Dunkeln durch die Gärten der Nachbarn zu streifen, da war ich gerne dabei, als Abenteuer.

Eine Kindheit damals bedeutete für die meisten von uns, einen Vater zu haben, der im Krieg Soldat gewesen war, oft auch kriegsverletzt, in unserer Straße wohnten allein drei kriegsblinde Männer. Mein Vater hatte nur ein Auge verloren, aber natürlich war er, das muss man jedenfalls im Nachhinein vermuten, vom Krieg schwer traumatisiert. Über so was redete bloß keiner, das gestand man sich auch nicht zu. Angst zu haben war gewissermaßen etwas Verbotenes, und obwohl mein Vater ein ängstlicher Mensch war und sehr auf Sicherheit bedacht, konnte man mit ihm über Ängste nicht reden, natürlich nicht. Das hätte an seine eigenen gerührt, was unausgesprochen verboten war. Und so machte er sich über die Ängste des Sohnes eher lustig, was bedeutete, dass ich Angst irgendwo in mir vergrub: Besser alles für sich behalten. Das prägt mich bis heute.

Wann haben Sie sich das letzte Mal geschämt, sind rot geworden, wollten im Erdboden versinken?

Unvergessen und tatsächlich gnadenlos peinlich war mein Auftritt beim 70. Geburtstag meiner Mutter, der ist allerdings schon mehr als zwanzig Jahre her. Als ältestem Sohn fiel mir – mein Vater war Jahre zuvor gestorben – die Aufgabe zu, eine Rede zu halten. Da mir normalerweise so etwas nicht so wahnsinnig schwerfällt und ich obendrein in den Wochen zuvor kein bisschen Zeit (und auch keine Lust, ehrlich gesagt) hatte, mich vorzubereiten, gedachte ich, aus dem Stegreif zu sprechen, ein Vorhaben, das mich nicht weiter nervös machte, zumal ich es, so gut es ging, einfach verdrängte – bis zum dem Moment, in dem das nicht mehr ging. Der Moment, in dem ich mich erhob.

Ich stand vor hundert Onkels, Tanten, Cousins, Cousinen, die meisten mit Berufen in der Art: Lateinlehrer, Rechtsanwalt, Apotheker, Architekt. Alle sahen mich an. Ich spürte von links unten den starr-angstvollen Blick meiner Mutter. Der älteste aller Onkels rief: »Ruhe, das Familienoberhaupt spricht!« Man wartete auf etwas Geistreiches, Warmherziges, Witziges oder jedenfalls auf überhaupt irgendwas. Und – mir fiel nichts ein. Ich war vollständig blockiert. Mir wurde schlagartig klar, dass ich die Sache zu leichtgenommen hatte, dass ich dem Leistungsdruck nicht standhalten würde, dass mich diese Zusammenballung familiärer Energie lähmte wie ein Elektroschock.

Ich bekam einen Schweißausbruch, wie es nie zuvor einen Schweißausbruch gegeben hatte. Sämtliche Poren öffneten sich. Aus mir schoss Wasser wie aus einem Sprinkler. Binnen einer Minute sah ich aus wie jemand, der mit einem dunklen Anzug in einen Monsun gekommen war. In meiner Verlegenheit las ich aus der siebzig Jahre alten Tageszeitung vor, deren Original ich meiner Mutter schenken wollte und die glücklicherweise auf dem Tisch lag. Ich zerrte mein Taschentuch aus der Hosentasche, meine Mutter reichte mir von links ein Spitzentuch, meine Frau gab mir von rechts eine Packung Tempos, alles zu wenig, zu wenig, zu wenig. Man hätte mehrere Strandlaken benötigt, um mich zu entfeuchten. Keine Ahnung, was ich geredet habe. Ich sackte irgendwann auf meinen Stuhl, verzweifelt, gebrochen, nass. Nie wieder bin ich seitdem unvorbereitet vor ein Publikum getreten, egal welches.

Wie reagieren Sie, wenn Sie verletzt werden oder Ihnen etwas total peinlich ist?

Wenn ich verletzt werde, traditionell: wütend, auch aggressiv, wie wahrscheinlich viele Menschen. Das ist ja sozusagen die Normalreaktion, wütend zu sein und auf Rache zu sinnen. Was ich aber für sinnlos halte und mir deshalb auch abgewöhnt habe, weitgehend jedenfalls. Es führt ja zu nichts, außer zu Streit und fruchtlosen Auseinandersetzungen. Wobei ich Wut für etwas Normales halte, die Frage ist nur, was man daraus macht. Ich würde auf einen wütenden Menschen, der mich verletzen will, nie wütend reagieren, das eskaliert nur. Ist aber ein frommer Vorsatz, ich schaffe das nicht immer.

Total peinlich? Seltsamerweise kommt das kaum noch vor, das muss am Alter liegen, ich weiß es nicht. Außer wenn es um Fremdschämen geht, ich ertrage das einfach gar nicht, warum auch immer. Eine Zeitlang habe ich mal versucht, das Dschungelcamp anzusehen, weil Leute, die ich für außerordentlich intelligent halte und sehr schätze, das immer sahen. Aber ich habe das einfach nicht ausgehalten, es war mir so unangenehm, dass ich den Raum verlassen musste.

Wie viel von sich und Ihrer Verletzlichkeit zeigen Sie in Ihren Büchern und Kolumnen?
Na, was heißt »zeigen«? Ich schreibe ja nicht und sage dabei, guck mal, wie verletzlich ich bin! Ich glaube aber, Schreiben hat – jedenfalls für mich – nur dann einen Sinn, wenn es mit kompletter Aufrichtigkeit verbunden ist, und insofern ist da jedenfalls nichts oder wenig, was ich verberge. Aber ich trage auch nichts vor mir her. Also: Das müssen andere aus den Texten herauslesen, glaube ich.

Wird man mit zunehmendem Alter eher mehr oder eher weniger verletzlich?
Verletzlich bleibt man, auch wenn man älter wird. Aber man geht anders damit um. Wenn man schon dies und jenes auf die Beine gestellt hat, dann ist man nicht mehr so leicht umzuwerfen, vielleicht wird man auch gelassener, das ist ja eine Eigenschaft, die mit zunehmendem Alter etwas dominanter wird, wer weiß, warum. Ich finde, Gelassenheit hat auch etwas mit Würde zu tun, und die sollte man, je älter man wird, schon besitzen. Muss man sich allerdings erarbeiten. Das ist etwas, das ich bei den älteren Herrschaften unter den sogenannten Wutbürgern übrigens schmerzlich vermisse: Würde.

**Haben Sie Ihren Beruf trotz oder aufgrund Ihrer
Verletzlichkeit gewählt?**

Weder noch eigentlich, das hat da keine Rolle gespielt. Wobei
natürlich Verletzlichkeit eine Eigenschaft ist, die oft in Kombi-
nation mit anderen auftritt, einer gewissen Empfindsamkeit zum
Beispiel, die ich schon glaube zu haben und als Reporter zum
Beispiel auch immer sehr brauchte, sonst könnte man Menschen
gar nicht vernünftig beobachten und zu verstehen suchen. Also:
Das gehört zusammen. Und für einen Autor ist Verletzlichkeit
(und es gibt sicher keinen Autor, der nicht verletzlich ist) schon
etwas, das – für sich genommen – mühsam ist. Weil man sich
ja jede schlechte Rezension, jede kleine Kritik sehr viel besser
merkt als alles Positive.

Wobei ich mit Kritik im Arbeitsprozess selbst sehr gut umgehen kann, ich suche sie sogar, weil ich so gut wie möglich schreiben will, und da brauche ich offene und ehrliche und wahrhaf-
tige Kritik, um weiterzukommen. Ich habe, wenn ich das mal so
unbescheiden sagen darf, die Erfahrung gemacht, dass alle guten
Autoren mit Kritik so umgehen, dass sie neugierig sind darauf
und sie verarbeiten. Während alle schlechten Autoren immer um
jedes Wort kämpfen und es verteidigen.

Nicht in diesem Ton!

Auch wenn wir miteinander kommunizieren, neigen wir dazu, uns von unseren Gefühlen zu distanzieren, keine Verletzlichkeit zuzulassen, indem wir mit Worten eine Mauer um uns errichten: »Selbstoptimierung« ist so ein Wort. Wir müssen an uns arbeiten und uns selbst »optimieren«. Was soll das heißen? Wann sind wir denn optimal? Wer bestimmt das?

Ein besserer Vater sein, eine tollere Liebhaberin, eine gesundheitsbewusstere Köchin, eine schlankere Mutter, ein besserer Sportler – hat das auch irgendetwas mit unseren Mitmenschen zu tun? Geht es darum, für unsere Umwelt »optimal« zu sein? Hahaha! Nein!

Eine weitere, riesige Perversion ist der Begriff »After Baby Body«, den manche Schauspielerinnen oder Models uns stolz präsentieren: Dabei geht es nicht darum, wie man auf gesunde Art und Weise die bei einer Schwangerschaft aufgetretenen körperlichen Veränderungen sanft und in Ruhe zurückbildet, sondern es geht darum, nur schnell zu entbinden und am besten noch im Kreißsaal mit Kraftsport und Ausdauertraining anzufangen, damit man ein paar Tage nach der Geburt genauso gut oder besser aussieht wie/als davor. Ist das das Wichtigste? Man, eher gesagt, frau hat ein Kind geboren! Einen neuen Menschen in die Welt gesetzt! Das ist doch etwas Wunderbares! Und nichts, was man schnell abhakt, um sofort an

Es geht darum, unsere Fassade zu optimieren, bis wir wie ohne Macken und Kanten wirken, weniger »anfällig« für Emotionen sind sowie leistungsfähig und flexibel, damit wir mehr erreichen, mehr Geld verdienen und andere und uns reich machen. Nur reich an Geld, wohlgemerkt.

das Aussehen danach zu denken. Glücklich sieht man bestenfalls aus, vielleicht erschöpft, aber gertenschlank und aufgeräumt?

Gibt es denn auch den »After Serious Illness Body«? Krebserkrankung erst einmal überwunden, jetzt ist die Hauptsache, ich sehe toll aus! »After Car Crash Body«? Nur noch ein Bein, aber hey, ne Prothese von Prada! Natürlich kann man die Geburt eines Babys nicht mit schlimmen Verletzungen oder Krankheiten vergleichen, aber auch im und nach dem Wochenbett darf man einem weiblichen Körper doch wohl die immensen Veränderungen und Strapazen ansehen. Denn ein »After Baby Body« ist eben erst einmal etwas strapaziert, mal mehr und mal weniger, klar, aber eben strapaziert.

Was sollen diese Begrifflichkeiten? Dass sie verwendet werden, hilft nicht, freundlich zu uns und anderen zu sein.

Wie wir sprechen, spiegelt doch wider, wer und wie wir sind – und wie wir denken, über uns und über andere.

»Hui, ich bin ganz gerührt«, sagt keiner mehr. »Alter!«, nuschelt man anerkennend. Aber nicht nur das: Im Urlaub wird mein »Akku aufgeladen«, ich muss erst einmal »runterfahren«, Angst habe ich keine, oh nein, »mir geht die Düse«! Und bei Herzproblemen will »meine Pumpe« nicht mehr.

Wir »stählen« im Fitnessstudio unseren Körper, vergleichen uns mit Maschinen, entmenschlichen uns, um uns nicht mit uns selbst beschäftigen zu müssen, nur keine Schwäche zeigen, immerzu funktionieren (auch so ein Wort), und wenn unser Körper dann nicht mehr spurt, distanzieren wir uns von ihm, als wenn wir das könnten und als wäre er nur eine Maschine, die einfach mal wieder richtig eingestellt werden muss.

Auch in vielen anderen Bereichen spiegelt Sprache unsere Distanz zum Leben wider: Wir sprechen in coolen, lebensfernen Ausdrücken: Termine sind »eng getaktet«, wir treffen uns nicht, sondern haben ein »Meeting«, telefonieren nicht, sondern haben einen »Call«, und für manches scheint es gar keinen deutschen

Begriff mehr zu geben, oder wie übersetzt man »einchecken«? Anmelden? Das klingt komisch.

Wenn wir dann »ausgepowert« sind vom Stress, den wir uns selbst gemacht haben, müssen wir uns nicht ausruhen, sondern »chillen und runterkommen«.

Wie viel schöner ist es, zu sagen: »Ich bin erschöpft.« »Ich muss mich erholen.« »Mein Herz ist nicht in Ordnung.« »Ich muss Kraft tanken.« Ach nee, tanken geht auch nicht: »Ich muss Kraft schöpfen.« Oder, weniger am eigenen Körper orientiert: »Die Dame hat schöne Brüste« (und keine Hupen) und tolle Beine (statt ein 1-a-Fahrgestell), »er ist weniger kognitiv begabt« (statt ein geistiger Tiefflieger) und »Ich habe eine Todeslinie für den Text.«

Warum sagen wir: »Ich steh auf dich!« und nicht: »Du gefällst mir!«, warum: »Die Alte würde ich auch gerne mal flachlegen«, statt: »Mich erregt die Gestalt der schönen Frau«, warum: »Da hab ich Pipi in den Augen«, statt: »Mir quillt die Zähre«? All dies zeigt doch deutlich, dass wir uns von unseren eigentlichen Emotionen abgrenzen, dass wir versuchen, cool zu sein und durch mehr oder weniger flotte Sprüche uns weniger verletzlich und weniger angreifbar zu zeigen.

Dass wir durch Flapsigkeit alles, worüber wir sprechen, abwerten, ist uns vielleicht nicht bewusst. Oder wir wollen absichtlich nicht zugeben, dass uns etwas oder jemand wichtig ist.

BFF (Best Friend Forever) klingt zwar moderner als »meine engste Vertraute«, macht die Freundschaft aber eher zu einem Spiel, in dem nichts ernstgenommen wird und in dem es hauptsächlich um die besten Bikini-Selfies geht.

Wenn wir sagen, wie es ist, ist das oft am einfachsten, auch wenn es uns erst schwer vorkommt. Wir müssen unsere Angst davor, was die anderen wohl über uns denken, überwinden und das sagen, was wir fühlen, ohne dabei abgeklärt und hart wirken zu wollen. Es geht darum, bei uns zu sein. Und wenn wir im

Büro zum allerersten Mal vor unsere neuen Kollegen treten und uns vorstellen und wir deshalb sehr aufgeregt sind, können wir sagen: »Ich bin aufgeregt. Diese Situation jetzt und hier macht mich sehr nervös, denn ich bin eigentlich sehr schüchtern und spreche nicht gern vor vielen Menschen.« So oder so ähnlich können wir unsere Scham überwinden und sagen, wie es ist. Dazu brauchen wir keine witzigen Umschreibungen oder Metaphern, die uns entspannter wirken lassen, im Gegenteil: Meist merkt man uns unsere Unsicherheit dann erst recht an und findet uns noch zusätzlich nicht sehr sympathisch.

Wenn wir bei uns sind, wirken wir authentisch, und indem wir uns öffnen, signalisieren wir den anderen: So bin ich, ohne Panzer.

Und das wird honoriert, denn kaum einem geht es in solchen Situationen anders. Wir mögen es, wenn andere ehrlich sind. Und wir mögen uns, wenn wir uns nicht verstellen. Es fühlt sich gut an, wenn wir unsere Scham überwunden haben.

Ich traf unlängst ein paar ehemalige, zehn Jahre jüngere Nachbarn und fragte sie, ob sie noch im schönen Eimsbüttel wohnen. »Oh ja, hier gehen wir nicht weg – wir lieben dieses Viertel hart!« war ihre Antwort. Das klang für mich gleichermaßen nach Stahlbau wie auch pornoesk. Etwas »hart lieben« ist doch eigentlich ein Widerspruch in sich, oder bin ich einfach zu alt? Liebe hat doch etwas mit Bindung zu tun, mit Weichheit, mit Verletzlichkeit. »Verknallt sein« geht gerade noch, der Knall spiegelt die Wucht der Gefühle wider, diese Intensität, mit der alles andere in den Hintergrund geschubst wird, wenn wir uns Hals über Kopf in wen verguckt haben; die Plötzlichkeit und das Wundern darüber werden deutlich an diesem Wort.

Aber »hart lieben«? Das klingt viel eher nach »Rohr verlegen«, »warum liegt hier Stroh rum?« und »wenn der Wildbach durch das Dirndl rauscht«.

AUS DEM TAKT

Spätestens, wenn zur groben Ausdrucksweise auch noch mangelndes Feingefühl im Umgang mit anderen hinzukommt, werden Mitmenschen verletzt. Dazu fällt mir eine kleine Anekdote aus meinem reichhaltigen Bühnenlebensschatz ein: Einmal trat ich auf einer Gala in einem Schlosshotel auf, eher gesagt war das eine alte Burg irgendwo im Sauerland, die zum Hotel umgebaut worden war. Um mir als Künstlerin etwas besonders Gutes zu tun, hatte man mich in der zweistöckigen Hochzeitssuite untergebracht. Nach dem Auftritt trottete ich also müde auf mein Zimmer und sah mich um: Es standen ein paar Rosen herum, alkoholische Getränke in Karaffen gab es und einen riesigen Fernseher nebst VHS-Rekorder. Videorekorder. Also ein Gerät zum Filme-Angucken.

Ich öffnete die Schublade des Schränkchens, auf dem der Fernseher stand, um mir einen Film auszusuchen. Als Erstes fiel mein Blick auf eine Kassette mit der Aufschrift: »Mitten ins Gesicht«. Och nee, dachte ich, auf ein Sozialdrama habe ich keine Lust, und wollte die Kassette wieder zurücklegen, als ich des Untertitels gewahr wurde: »Sperma ist gut für die Haut«.

Leider waren die anderen Filme auch alle aus diesem Genre. Puff statt Arthouse. Und das in der Hochzeitssuite! Und ich war ein junges Mädchen von Mitte zwanzig! Und hatte dieses Apartment über zwei Stockwerke mit Whirlpool mitten im Wohnzimmer, und die Geschichte ist noch nicht zu Ende!

Das Telefon klingelte, und eine freundliche Frauenstimme meldete sich: »Guten Abend, hier ist Tollvitzc vom Empfang, entschuldigen Sie die Störung, ich möchte Ihnen nur kurz die Nummer vom Hotelchef geben. Haben Sie was zu schreiben?«

Verdattert suchte ich Zettel und Stift und notierte die Nummer. Dann war ich schlau genug zu fragen: »Warum?«

»Naja, falls irgendetwas ist heute Nacht«, war die wenig erhellende Antwort.

»Rufen Sie alle Gäste an und geben denen die Nummer?«

»Nein, nur Ihnen. Sie sind heute Nacht alleine hier.«

Wie umsichtig. Eine entspannte Nacht war programmiert: Alleine in einem uralten Schlosshotel mit einer Schublade voller Hardcore-Pornos – was konnte es für eine sechsundzwanzigjährige sensible Ex-Philosophiestudentin und Komikerin Schöneres geben? Mir fällt bis heute nichts ein.

Nein, liebe Leser, betrinken kam für mich auch nicht infrage, da hätte der Schlossgeist ja noch leichteres Spiel mit mir gehabt. So hielt ich also stocknüchtern Nachtwache auf dem (natürlich) lackledernen Sofa im unteren Bereich meiner Suite. Natürlich hätte ich der freundlichen Empfangsdame sagen können, dass ich mich in dieser Umgebung grusele, und mich so verletzlich gezeigt, aber das wollte ich nicht. Außerdem hätte das ja auch nichts genützt. Mit zu ihr nach Hause hätte ich ja auch nicht gewollt. Aber ich hätte mich beschweren können. Habe ich aber nicht. Aus Eitelkeit? Oder aus Feigheit? »Selbst schuld!«, kann man da sagen. Aber ich kann doch von einem Hotel erwarten, dass es keine Pornos herumliegen hat. Noch dazu in der Hochzeitssuite! Wenn es Pay-TV gibt, ist das etwas anderes, dafür muss man wenigstens ganz bewusst den Fernseher anmachen und den entsprechenden Kanal suchen.

Ist das nur Fahrlässigkeit, Schlampigkeit oder gar witzig gemeint? Hat ein Hotel nicht die Aufgabe, alles so zu gestalten, dass es möglichst vielen Gästen gefällt? Dass sich die unterschiedlichsten Menschen dort wohlfühlen? Schließlich ist das Hotel das vorübergehende Zuhause des Gastes. Da muss man doch auf eventuelle Befindlichkeiten Rücksicht nehmen! Ja, rücksichtslos war das. Sollte man als Hotelier nicht die Pflicht und auch das Bedürfnis haben, seinen Gästen Geborgenheit zu vermitteln? Schließlich begeben sie sich in ihrem verletzlichsten Zustand – nämlich schlafend – in seine Obhut.

Aber anstatt mich zu beschweren oder um ein kleineres Zimmer zu bitten, in dem sich der böse Watz nicht so gut verstecken konnte und in dem eine positivere Energie vorherrschte, beschloss ich also, ganz weltmännisch, mir nichts anmerken zu lassen, sondern »cool« zu bleiben und eine Nacht nicht zu schlafen. Eigentlich nicht so schlau von mir, oder?

SELBSTSCHUTZ FÜR ANFÄNGER

Warum finden wir es gut oder gar anziehend, wenn jemand auf uns unnahbar wirkt? Weil wir gar nicht hinter die Fassade gucken wollen, aus Angst, dass man von uns dann dasselbe erwartet? Oder weil wir uns alleine zutrauen, Mauern durchbrechen zu können?

> *Was soll das eigentlich mit dieser »Coolness«? Warum finden wir es cool, wenn jemand »cool« ist?*

Wir sehen es schon an der Mode: Models laufen mit versteinerten Mienen über den Laufsteg, verspiegelte Sonnenbrillen signalisieren: »Sprich mich bloß nicht an!«

Es gibt kaum Bilder von Victoria Beckham (Spielerfrau und ehemaliges *Spice Girl*), auf denen sie lächelt. Und zwar wohl bewusst nicht: Sie lächelt nicht, weil die Models auf dem Laufsteg auch nicht lächeln, lautet eine Erklärung in der Presse. Die Ärmste! Fühlt sie sich immer wie ein Model auf dem Laufsteg? Und warum lächeln diese Anziehpuppen eigentlich nicht? Weil sie Hunger haben?

Die eiserne Miene auf dem Catwalk war nicht immer angesagt, in den Achtzigerjahren etwa wurde auf dem Laufsteg viel gelächelt. Weibliche Models sollten nicht nur einen perfekten Körper haben, sondern auch weiblich weich aussehen, gerne auch mal süß. Heute ist ein finsterer Blick Voraussetzung für eine Modelkarriere, wer aus Versehen lächelt, läuft Gefahr, erschossen zu werden. – Wahrscheinlich.

Und durch die im Laufe der Jahre zunehmende Emanzipation hat sich das Frauenbild auch auf dem Laufsteg verändert;

war die Frau früher im besten Fall schmückendes – und auf jeden Fall den Rücken freihaltendes – Beiwerk für einen erfolgreichen Mann gewesen, so wurden Frauen selbst immer erfolgreicher und stärker, was sich auch in einem gelangweilten, unbeteiligten Gesichtsausdruck der Models wiederfinden sollte.

Heute soll sich die Frau als Kundin in der Mode erkennen, als starke, selbstsichere, vom Mann unabhängige Frau.

Stärke und Selbstbewusstsein werden stets mit Unnahbarkeit und, – ganz klar –, einem unterkühlten Gesichtsausdruck in Verbindung gebracht.

Außerdem soll natürlich die Persönlichkeit des Models nicht von der Kleidung ablenken, deshalb: lieber Models ohne erkennbare Persönlichkeit. Und man könnte meinen, eine fast schon mystische Distanz zum Model und zu dem, was es trägt, soll die Kleidung noch attraktiver machen. Schließlich sind wir alle, ja, auch wir Frauen, Jäger! Alles, was sich nicht gleich vor uns auf den Rücken wirft, wenn wir ankommen, erscheint uns besonders begehrenswert. Wir wollen unsere Klamotten und Handtaschen genauso erobern, wie ein alter Sack ein junges Model erobern möchte.

Deshalb stehen viele von uns auf limitierte Editionen und absurd hohe Preise. Und wenn wir eine Tasche erlegt haben, gehen wir gleich wieder auf die Jagd nach dem nächsten heißen Teil. Das ist auch eine Erklärung, warum Kälte und Unnahbarkeit uns anmachen. Jedenfalls für die oberflächliche, schnelle Nummer. Würden wir einen James Bond toll finden, der in Jogginghosen seinem jüngsten Baby ein Schlaflied vorsingt, während er es im Kinderwagen durch den Park schiebt? Einen Superman, der immer ein Wollknäuel dabeihat, für den Morgenstuhlkreis mit seinen brutalen Widersachern? Einen Jason Bourne mit Heilpraktikerausbildung, der seine Aufträge durch Auspendeln und mit viel Herzenswärme erfüllt? Auch die meisten Rock- und Popstars kommen in ihren Videos daher, als würden sie ihren eigenen Stoffwechsel von einer Autowerkstatt erledigen lassen. Düstere Plattencover in kühlen Farben mit grimmigen Visagen versprechen uns: Du kriegst auf die Fresse. Oder zumindest keinen Deut Zuwendung. »Jaaaah! Das will ich!«, rufen wir im Chor, nicht, weil wir alle Masochisten sind, sondern weil wir immer nur das haben wollen, was wir nicht kriegen können.

Stimmt's, Herr Dr. Zorawski?

Diese Unnahbarkeit der Supermodels und Stars mag Stärke, Unabhängigkeit, Status, Macht und Coolness signalisieren und dient vielen Menschen auch als ein Modell für einen – letztlich dysfunktionalen – Selbstwertschutz. Diese Eigenschaften werden nämlich häufig zu gelernten Selbstwertbedingungen gemacht: Wenn ich stark, autonom und cool auftrete, dann werde ich respektiert, bewundert oder gefürchtet. Wenn ich schwach und hilfsbedürftig erscheine, dann bin ich ein Loser. Unnahbarkeit und emotionale Kühle helfen uns also mutmaßlich dabei, keine Unzulänglichkeiten zu offenbaren. Langfristig führt dies jedoch dazu, das schädliche Selbstwertkonzept aufrechtzuerhalten. Statt wohlwollend mit uns umzugehen und unsere wahren Ziele und Bedürfnisse, etwa nach zwischenmenschlicher Nähe und Selbstverwirklichung, zu verfolgen, bleiben wir gefangen in unserer »Selbstwertdiktatur«.

Coolness galt schon in meiner Schulzeit als höchstes Gut, wer »cool« war, war angesagt. Lederjacke, frisiertes Mofa und ein lässiger Gesichtsausdruck sorgen schon immer dafür, dass sich Teenagerherzen nach dem Hallodri mit ausgeprägtem Coolness-Faktor verzehren. Modisch vollkommen unsinnige Accessoires wie zerfetzte Jeans erzählen von aufregenden Touren auf den Rücksitzen der Harley Davidsons der verwegensten Typen, – aber so verwegen!

Ein berühmtes Zitat aus dem Film Fight Club lautet: Von dem Geld, das wir nicht haben, kaufen wir Dinge, die wir nicht brauchen, um Leuten zu imponieren, die wir nicht mögen.

Gut, wir trugen diese Hosen damals auch, aber wir kauften die noch nicht durchlöchert, wir mussten noch selber pulen! Und die Hosen damals konnte man immerhin noch anziehen, es gab noch keine total zerstörten. Ein solches Exemplar habe ich in diesem »Internet« gesehen, das besteht mehr aus nichts als aus Hose. Eigentlich sind nur noch die Nähte vorhanden, und man muss eine uncoole Leggings darunterziehen, wenn man sich keine Blasenentzündung holen möchte. Ach, die stören ja schon lange niemanden mehr, sorry, ich vergaß.

Ich weiß noch, wie ich mir mit sechzehn meinen ersten sandfarbenen, leichten Sommermantel kaufte. Er war fast bodenlang, hatte riesige Schulterpolster und eine Knopfleiste auf dem Rücken, erinnerte entfernt an einen Trenchcoat und sah einfach, heute würde ich sagen, »hochmodern« aus. Dass unsere Nachbarn meine Eltern fragten, ob ich jetzt Opas Sommermantel auftragen musste oder mir das Teil aus dem Altkleider-Container gezogen hatte, juckte mich wenig, es machte im Gegenteil die Nachbarn zu noch erbärmlicheren Spießern und garantierte mir, mein Umfeld durch meine Lässigkeit aufzuwerten.

Unnahbar sein, für sich sein, sich nicht um andere kümmern – das scheint immer mehr zuzunehmen. Immer öfter habe ich im Alltag das Gefühl, die meisten Menschen drehen sich nur noch um sich selbst. Auch heute gilt es immer noch cool zu sein. Lässig, modern, up to date, unnahbar, ein unerreichbares Wesen, das für seinen Stil und die Botschaft: »Komm mir bloß nicht zu nah!« gefeiert wird. Durchtrainiert sein, mit ausdruckslosen Gesichtern, an denen alles abprallt, martialische Tattoos an sehnigen Menschen, die sich aus panzerähnlichen SUVs schälen, spärlich in Lack gekleidet – das ist der heiße Scheiß. Na klar, pralle Busen und herzige Lippen im rosa Dirndl dürfen es zum Oktoberfest auch mal sein, am besten vom angesagten Schönheitschirurgen hinoperiert und wenn's geht dann wenigstens mit tätowiertem Dekolleté und ironisch gebrochen mit Springerstiefeln an den Stahlwaden.

UNGESUNDE HÄRTE

Was zählt, scheint nur noch »ICH« zu sein, das stellt man nicht nur durch die eigene Coolness zur Schau, nein, man lässt auch Taten sprechen. Mein Wille geschehe, und wenn ich mich dadurch anderen gegenüber respektlos verhalte und sie damit verletze, juckt mich das nicht. Immer öfter werden keine Gehsteige mehr benutzt, man latscht einfach versonnen die Straße entlang, nach dem Motto »Ich will jetzt hier gehen, was andere wollen, ist mir egal.« Der Müll am Straßenrand zeugt auch von Egoismus, wie ich finde. Es ist mehr geworden, auch im Wald. Mir ist es unerklärlich, wie jemand einen Joghurt essen und den leeren Becher einfach fallen lassen kann?! *Und: Wir leben hier doch zusammen auf diesem Planeten, und wie in jeder WG gibt es auch auf der Erde Regeln und einen Putzplan!* Aber manche Menschen fahren sogar alte Bettgestelle, ausrangierte Autoreifen oder Kühlschränke mit dem Auto in den Wald und schmeißen sie dort ins Gebüsch! Wie kann man so sein? Wie kann einem jeder andere Mensch und jede Umwelt so egal sein, dass man das tut?

Jugendliche, die mitten in der Nacht krachend ihre Skateboards testen oder herumgrölen auf dem Weg von der Party nach Hause, Motorradfahrer, die ihre Maschinen erst eine halbe Stunde lang vor den Schlafzimmern aufheulen lassen, bevor sie losfahren, auch wenn es längst Schlafenszeit ist – das hat es immer gegeben und wird es immer geben. Aber das passiert mal, man regt sich auf, und in der nächsten Nacht kann man dann wieder ungestört schlafen. Aber dass Nachbarn aus demselben Haus ihre Kartons von Internetbestellungen eines gesamten Jahres in die Altpapiertonne werfen und den Rest dann noch danebenstellen, »weil es MIR zu weit ist zum 50 Meter entfernten Altpapiercontainer«, und die damit keinem weiteren Nachbarn die Möglichkeit geben, auch nur seine Zeitung hineinzuwerfen;

oder die ein kaputtes Regal an den Baum vorm Haus lehnen mit einem Zettel daran »Zu verschenken«, weil sie keinen Bock haben, sich um seine Entsorgung zu kümmern – das hat zugenommen, finde ich, oder bin ich einfach alt und spießig geworden?

Vielleicht habe ich auch zu lange über einer sehr lauten Pizzeria gewohnt. Es dauerte schließlich fast zwei Jahre, bis wir ausziehen konnten. Wir wohnten im vierten Stock, und dennoch – oder gerade deshalb – schallte alles von der neunzehn Bierzeltgarnituren großen Außenterrasse zu uns hinauf. Im Sommer ein Fenster aufmachen? Fehlanzeige! So laut konnten wir unsere Musik gar nicht drehen, dass wir die berufsjugendlichen Camp-David-Hemdenträger und Aperol-Spritz-schon-mittags-genießenden, auf jugendlich-frische vierzig heruntergeschminkten Schicksen nicht mehr hörten. Wir hörten sie lang. Und wenn man es wirklich gar nicht mehr aushielt und den Wirt bat, die Gäste nach drinnen zu bitten, bekam man zu hören, dass sich noch nie irgendwer beschwert hätte, dass das unverschämt sei und er doch eine so hohe Miete und Personalkosten habe und außerdem Frauen und Kinder und man doch selbst so blöd gewesen war, dorthin zu ziehen.

Muss man sich wegen der Mondmietpreise in Hamburg (die übrigens auch von reichlich Egoismus zeugen) wirklich alles gefallen lassen?

In den beiden Jahren, die wir dort wohnten, zogen noch zwei weitere Familien aus wegen des Lärms. Als es endlich November geworden war, atmeten wir auf, weil jetzt wohl endlich die Bierbänke abgebaut werden mussten. Hahaha, falsch gehofft! Es wurden eine Markise und seitlicher Windschutz aus durchsichtiger Plane angebracht und ein Glühweinhäuschen wurde aufgestellt, bis es im Mai, Juni wieder warm genug war für die reguläre Außenbewirtschaftung. Es war zum Mäusemelken.

Natürlich ist das ein Einzelfall, aber hätten nicht wenigstens die Raucher, die sich immer vor unserer Haustür drängten, etwas Rücksicht auf uns nehmen können? Dabei glaube ich nicht, dass jemand bewusst rücksichtslos ist: »Kommt Jungs, wir stellen uns hier vor die Tür und wenn die zu sich nach Hause wollen, müssen sie sich eben erst durch uns hier durchquetschen und kriegen auch unseren ganzen Qualm ab« – nein, so ist es sehr wahrscheinlich nicht. Es ist eher so, dass sie denken: WIR wollen hier quatschen und eine rauchen. Punkt. Und ob das jemand stören könnte und ob da Kinder in dem Haus schlafen und Erwachsene – das wird nicht in Betracht gezogen.

Darauf kommt niemand. Es ist nicht wichtig, denn es betrifft nicht MICH. ICH bin alles, was zählt.

ICH, ICH UND ÜBRIGENS: ICH

Die Psychologin Jean Twenge von der San Diego State University hat in einer Studie belegt, dass die Bereitschaft, auf andere Rücksicht zu nehmen oder für gemeinschaftliche Werte einzustehen, bei Jugendlichen stark abgenommen hat. Grund dafür sei, dass die eigene Karriere, die Selbstdarstellung und alles, was den eigenen Bedürfnissen entgegenkommt, einen viel höheren Stellenwert als noch vor etwa dreißig Jahren hat. Daran seien größtenteils die digitalen Kommunikationsformen schuld. Sie spricht von den »Selfies«, also Leuten, die ständig in irgendwelchen Netzwerken Fotos von sich posten, kleine Videos mit ihren Heldentaten, und sei es, dass sie nur an irgendeinem Strand herumliegen. Es gehe denen dabei nur darum, zu zeigen, wie cool (sic!) sie sind, was für ein »geiles Leben« sie haben und dass sie beneidenswert sind. Es geht um MICH und um sonst niemanden. Selbstdarstellung als Hauptbeschäftigung.

WIR wollen nichts mehr mit unseren Mitmenschen zu tun haben, außer über die »Sozialen Medien«. Bei *Facebook, Twitter* & Co. sammeln wir Freunde, na klar. »Freunde«! Wir gehen nicht mehr gemeinsam essen, wir posten Fotos von unserem Schnitzel oder unserem Eis, und wenn wir großzügig sind, gibt's einen »Daumen hoch!« für den anderen, in der Hoffnung, selbst mehr Daumen zu bekommen.

Dabei ist es regelrecht gefährlich, sich ständig im Netz herumzutreiben, denn wenn uns hier mal ein Fehlerchen unterläuft, wenn wir eine winzige Schwäche zeigen, laufen wir Gefahr, dass ein regelrechter Scheißsturm (vulgo: Shitstorm) über uns hereinbricht!

Beleidigungen und Drohungen würden bei einem echten Streit wahrscheinlich niemals auch so ausgesprochen – wobei inzwischen die Gesellschaft so verroht ist, dass man sich das auch vorstellen könnte, aber vielleicht nicht in diesem Maße.

Keine schöne Vorstellung. Hasskommentare von wildfremden Menschen auf irgendwelchen Internetplattformen, die aus ihrem Versteck heraus alles über uns ausschütten können, was sich an Frust und Ärger über die Jahre in ihnen angesammelt hat. Ja, es ist ein leidiges Thema, das Thema Soziale Netzwerke, in denen es ohne Frage auch tolle Gruppen gibt, wo man sich unterstützt, Nachbarschaftsportale, Gärtnergruppen, man tauscht Kochrezepte aus oder lernt was über Hundeerziehung – aber gleichzeitig sind die »Threads« immer wieder durchsetzt von unkontrolliertem Hass. Dass führende Politiker ihre Meinung einfach aus einem Impuls heraus und ohne Beratung mit ihren – äh – Beratern jeden Gedankenballast in die Gegend posaunen, ist gar nicht mal so schlecht. So erlebt man wenigstens, wie sich manche politische Führungskraft selbst entlarvt, und kann hinter ihre blankpolierte Fassade gucken. Gleichzeitig freut man sich bei der Masse an Selbstdarstellern über jeden, der nicht ständig twittern oder posten muss. Was soll überhaupt dieses Leben in einer Scheinwelt bei *Instagram, Facebook, Twitter, Snapchat* und wie sie alle heißen?

Wir haben Angst, uns mit all unserer Kränkbarkeit und unseren vermeintlichen Schwächen zu zeigen, weil wir nicht verletzt werden wollen.

Gerne halten wir uns bedeckt und stellen etwas dar, was wir eigentlich nicht sind. Wir bewundern zwar Menschen, die sich öffnen, haben aber selbst zu großen Respekt davor, es auch zu machen. Eine große Rolle spielt dabei die ständige Bewertung durch andere Menschen, die uns noch unmittelbarer als im richtigen Leben in den Sozialen Medien oder auch in anderen Foren im Internet widerfährt. Vielleicht ist das einfach der Lauf der Zeit, mag sein, aber es hatte auch was, dass man früher als Kind direkten Kontakt zu anderen Menschen hatte, ohne einen Computer oder ein Smartphone dazwischen zu schalten. Man hat am Haus von anderen Kindern geklingelt und gefragt, ob sie rauskommen zum Spielen. Heute schreiben sich die Kinder und Teenager so lange bei WhatsApp hin und her darüber, wo und wann sie sich treffen wollen, dass sie sich, wenn sie dann ein Treffen vereinbart haben, nichts mehr zu sagen haben.

Telefonieren ist verpönt, stattdessen schickt man sich Sprachnachrichten. Und das hat zur Folge, dass man reihenweise junge Leute beobachten kann, wie sie ihr Handy flach vor sich halten, als wollten sie in eine Butterstulle hineinbeißen. Sie nehmen aber keinen kräftigen Bissen, sie brabbeln irgendwas hinein. Warum man das Telefon dafür nicht wie ein Telefon halten kann – ich habe es bislang nicht herausgefunden!

Jemandem irgendetwas zu schreiben – eine Mail oder SMS – kann viel unverbindlicher sein als ein Anruf oder sogar das direkte Vier-Augen-Gespräch. Man kann sich besser verstellen, wenn man schreibt oder eine Sprachnachricht aufnimmt. Die im Gespräch so wichtigen wahrzunehmenden Nuancen fallen weg, die Stimmung, in der etwas gesagt wird. Noch dazu wird durch Emoticons und Bilder alles irgendwie glattgebügelt und kann dadurch auch leichter missverstanden werden.

> *Im direkten Kontakt (Gespräch) ist man verletzlicher, angreifbarer. Und zwar auf beiden Seiten. Man merkt eher, wo die eigenen Schwachpunkte und die des Gegenübers liegen.*

Ich möchte unangenehme Dinge auch oft lieber per Mail regeln. Mimimi, warum haben die mein Geld noch nicht überwiesen, da schreibe ich mal hin. Es ist mir peinlich, nach meinem Geld zu fragen. Wotzefack? MIR ist das peinlich? Denen sollte es besser peinlich sein! Es hätte schon vor drei Monaten da sein sollen! Nur weil ich selbstständig bin, denken die, die können das mit mir machen! Ich kann ja auch nicht zum Bäcker gehen und sagen: »Ich nehme drei Schrippen und ein Weltmeister-Vollkornbrötchen.« Und dann gehen. Geld kommt eventuell in den nächsten Monaten, wenn es mir geschmeckt hat.

Ich rufe da jetzt an. Genau. Ich gewöhne mir immer mehr an, statt zum Computer zum Telefon zu greifen, weil ich mich so besser erklären kann und auch die Stimmung meines Gesprächspartners erkenne. Weil es direkter ist.

Wenn Hollywood mich möchte, wünsche ich mir ja auch, dass die von da anrufen. Und nicht nur eine Mail schicken.

Natürlich haben diese Errungenschaften im Technologiebereich auch alle viel Gutes, und wahrscheinlich legt sich die Faszination dafür in einigen Jahren, wenn sie noch viel normaler geworden sind, aber zu Zeiten von *Frogger* und *Tetris* gab es noch keine Spielsüchtigen in meinem Bekanntenkreis. Heute schon. Aber die Spiele gleichen auch mehr Kinofilmen, die Grafik ist bei Computerspielen fantastisch, selbst die Musik macht Beethoven, Mozart und Chopin Konkurrenz, es ist alles sehr hochwertig programmiert, und man kann sich in einem solchen Spiel schon wie in einer anderen Welt fühlen, abtauchen in ein Märchen, der Wirklichkeit ohne Drogen entfliehen – aber ob das vor einem Bildschirm so viel besser ist?

Was das alles mit Verletzlichkeit zu tun hat? Nun, es ist doch viel leichter und bequemer, und es kratzt nicht so am Ego, mit jemandem zu spielen, der nicht physisch neben einem sitzt und einen ein ums andere Mal bei *Mensch, ärgere dich nicht* raushaut. Analog zu leben ist nicht nur langsamer und weniger perfekt, sondern macht einen auch berührbarer. In digitalen Welten kann man endlich die Rolle spielen, die man gerne im richtigen Leben einnähme und das sogar, ohne sich zu zeigen. Im Gegenteil, man kann sich verkleiden, bewaffnen, sich unsterblich machen. Das ist doch sehr verlockend in einer Zeit, in der es stets darum geht, der Beste zu sein.

Der zu sein, der am meisten Likes hat. Also am meisten gemocht wird. Unendlich viele Follower hat.

In den letzten Jahren wurden die Möglichkeiten der Selbstdarstellung und -inszenierung massiv erweitert, siehe Facebook, Twitter und Instagram. Vielleicht hat damit nicht der Egoismus, sondern eher die Egozentrik zugenommen.

Warum findet man das so prima? Erst einmal ist die Vorstellung, wenn man nicht gerade Rattenfänger von Beruf ist, doch gar nicht so toll, dass einem Unmengen Leute hinterherlaufen. Aber damit hängen ja nun auch Geld und Ruhm zusammen. Da ist er wieder, der Selbstwert. Wenn mich viele toll finden, fühle ich mich gut. Erst dann? Warum? Warum messe ich mein Wohlbefinden an meiner Außenwirkung? Und noch dazu an einer virtuellen Außenwirkung! Die Menschen auf Instagram und Co. kennen ja die Leute nicht, die ihnen hinterherlaufen. Vielleicht sind das nur vollkommen unterbelichtete Teenager. Das ist ihnen aber egal, und es ist schon von mir unangemessen, darüber nachzudenken, wer diese Fans oder Follower sind. Denn es ist erstens völlig unerheblich, weil nur wichtig ist, dass es viele sind, und zweitens wer bin ich, zu urteilen? Wieso maße ich mir an, Menschen in intelligente und dumme Follower zu unterteilen? Follower sind in erster Linie auch nichts anderes als Fans. Gut, bei den *Beatles* oder *Take That* hat man sie vielleicht auch schon belächelt, aber die haben immerhin noch Musik gemacht! Musik, die vielen Menschen etwas gegeben hat.

Heute muss man sich wundern, wie Menschen ohne eine erkennbar nützliche oder kreative Leistung Starkult erreichen. Er oder sie muss sich nur anziehen. Oder schminken. Oder einkau-

fen. Oder irgendwo sein. Und dabei Videos drehen. Und –
schwups! – hat er viele neue Freunde. Aber vielleicht keinen, der
für ihn bei einer Grippe mal in
die Apotheke geht oder eine
Hühnersuppe kocht. Das muss
Alexa noch lernen.

*Laut dem Freizeit-Monitor
2018 haben die Deutschen
immer weniger Zeit für andere
(inklusive ihrer Kinder), weil
sie sich lieber mit ihrem
Smartphone beschäftigen.*

Wir sollten versuchen, unseren Kindern und Jugendlichen
das Spielen mit anderen, Gespräche und gemeinsame Unter-
nehmungen schmackhaft zu machen. Ihnen mit gutem Beispiel
vorangehen. In Hamburg hat ein siebenjähriger Junge namens
Emil erst neulich (natürlich mit Hilfe seiner Eltern) eine De-
monstration organisiert, mit dem Anliegen, dass Erwachsene das
Handy öfter weglegen sollen, um mit ihren Kindern zu spielen.
Super Sache, Emil!

Natürlich sind die Geräte auch bei Kindern beliebt: Knapp
die Hälfte der 4- bis 13-Jährigen hat bereits ein eigenes Smartphone, berichtet die Kinder-Medien-Studie 2018. Das werden
sie sich wohl kaum selbst gekauft haben. 4- bis 13-Jährige! Bin
ich da aus der Zeit gefallen, wenn ich das verurteile? Aber klar,
wenn die Eltern es nicht anders vorleben, haben sie wahrscheinlich sogar noch ein schlechtes Gewissen, wenn sie ihren Kindern die neueste Technik vorenthalten. Frau Professor Twenge
erkennt nun hier leider eine deutliche Beziehung zwischen Auf-
den-Bildschirm-Starren und weniger Lebenszufriedenheit. Besonders das Smartphone hat ihrer Ansicht nach einen wichtigen
Einfluss. Twenge stellte fest, dass die durchschnittliche Zufriedenheit von Jugendlichen seit dem Jahr 2012 messbar zurück-
geht – und dies sei laut *FAZ* das Jahr gewesen, in dem mehr als
die Hälfte der Amerikaner internetfähige Mobiltelefone besessen
hätten. Überhaupt kein Internet und dergleichen ist dabei übrigens nicht die Lösung, so die Psychologin. Der Schlüssel zur
digitalen Mediennutzung und Zufriedenheit sei eine begrenzte

Nutzung. Klar, wenn man von nichts ne Ahnung hat und als Außenseiter dasteht, ist das auch nicht schön.

Wichtig ist, dass Bewegung und Zusammensein mit Freunden Priorität hat. Und das sollten wir unseren Kindern, Enkelkindern, Patenkindern, Nichten, Neffen, Nachbarskindern, Pflegekindern etc. vorleben! Deshalb sind Pausen, wie das Handy einmal bewusst nicht mitnehmen, das WLAN für bestimmte Zeiten ausschalten und einfach schöne analoge Dinge im realen Leben miteinander erleben, wichtig und können dazu beitragen, dass Kinder gesünder und glücklicher aufwachsen.

Herr Dr. Zorawski, was sagen Sie dazu?
Ich denke nicht, dass die Digitalisierung einer glücklichen Kindheit oder der Entwicklung von Empathie im Wege steht. Letztendlich kommt es doch auf die Inhalte an, und da sind sicherlich die Eltern und das Umfeld gefragt. Man kann im realen Leben Unfug treiben oder sich gar antisozial verhalten, aber genauso kann man auch im Internet Gutes tun und konstruktive Ziele verfolgen. Als Kind habe ich auch gerne Stunden am C64 gespielt oder mit Freunden einen Videofilm nach dem anderen geschaut. Aber ich war auch gerne draußen, habe Fußball gespielt oder bin mit dem Fahrrad durch die Gegend gefahren. Heute ist das Spektrum der Möglichkeiten größer, im positiven wie im negativen Sinne. Sicher bleibt es wichtig, regelmäßig an die frische Luft und unter (reale) Leute zu kommen.

HALLO, BIST DU NOCH DRAN?

Ich habe eine Freundin, mit der ich gerne Sport mache. Manchmal wellnessen wir hinterher auch und reden ein bisschen. Ich mag sie gern, aber sie ist eigentlich »nur« eine Sportgehfreundin. Denn wir unterhalten uns zwar, aber unsere Gespräche sind immer ein bisschen oberflächlich, außer ich erzähle von mir und meinem bunten Leben. Bei ihr ist immer alles super, ihre Ehe ist toll, und die kleine Tochter macht nie Probleme. Wir unterhalten uns über Reisen, neue Bücher und wie wir unsere Vertretungs-Trainerin finden. Dieser Italiener in der Osterstraße hat zugemacht, aber es gibt einen ganz tollen Thailänder an der Hoheluftchaussee, und ab und zu gibt es einen sagenhaften Pop-up-Store mit himmlischen Klamotten in der Bismarckstraße. Das sind alles Dinge, über die man sich natürlich wunderbar unterhalten kann, und es reicht völlig für eine Zusammen-Sport-machen-Freundschaft, aber ich finde es auch ein wenig anstrengend, Small Talk mit Menschen, mit denen ich mich häufiger treffe, laugt mich aus.

Ich möchte mehr von ihr erfahren, möchte wissen, ob sie wirklich in einer Bilderbuchfamilie lebt, oder ob sie sich Sorgen macht, weil ihre Tochter gerne andere Kinder verprügelt, und sie traurig ist, weil sie schon ewig nicht mehr mit ihrem Mann im Kino war, weil er so viel arbeitet, oder ob sie wenigstens ein nässendes Furunkel am Hintern hat – es wäre ein Geschenk, wenn sie mir mal irgendetwas, auch nur eine winzige Kleinigkeit von dem, was sie umtreibt, erzählen würde. Oder treibt sie etwa überhaupt nichts um?

Wir merken es, wenn wir einen Menschen besser kennenlernen. Egal, ob Mann oder Frau, egal, ob wir »nur« eine Freundschaft anstreben oder ob wir uns verlieben – sobald wir wegkommen vom Small Talk und uns darüber unterhalten, was uns wirklich berührt, sorgt oder wofür wir uns schämen, wenn wir uns also für die andere Person öffnen, entsteht erst echte Verbundenheit. Ich mag dieses Glücksgefühl, wenn ich merke, dass unser Gespräch eine Tiefe bekommt, dass mein Gegenüber ganz bei sich ist und mich auserkoren hat, mir seine Zweifel, vermeintlichen Schwachpunkte und Fehler mitzuteilen.

»Ich mag den Geruch von abgeriebenen Autoreifen.«, kann genauso zu bestimmten Eigenheiten gehören wie: »Ich stehe auf Männer in Uniform«, oder »Ich höre gerne die Lochis«.

Eine Welle tiefster Sympathie schwappt von mir zu meinem Gegenüber, wenn ich merke, wie mein Gesprächspartner zögert, sich schämt, sich mir mitzuteilen, und ängstlich auf meine Reaktion wartet. Sind das sadistische Tendenzen? Geradezu anstrengend finde ich es, stets nur auf einer Small-Talk-Ebene miteinander zu sprechen, das schafft keine Nähe und fühlt sich hohl und pappig an wie ein Weizenbrötchen aus dem Backshop. »Oh nein, kein Weizen!«, höre ich da einige Leserinnen aufschreien – keine Angst, das war nur ein Beispiel.

Herr Dr. Zorawski, warum/und wann tut es uns gut, wenn andere uns etwas erzählen, wofür sie sich schämen?

Vielleicht, weil wir dann etwas verwundert feststellen mögen, dass wir unser Gegenüber dafür gar nicht so sehr verurteilen wie sonst uns selbst. Unser Vertrauen in die Menschlichkeit anderer wird womöglich gestärkt, und wir bemerken, dass wir mit unserer Scham und unserem Selbstwertproblem nicht allein sind. Tatsächlich sind Selbstwertprobleme verschiedenen Ausmaßes eher die Regel als die Ausnahme, auch wenn sie nicht immer zu psychischen Störungen oder gar psychotherapeutischen Behandlungen führen. Sie zu »verstecken« verstärkt sie jedoch nur noch mehr, und beim Versuch, sie zu überwinden, steht uns vor allem das Problem mit dem Problem im Wege. Wir haben Angst vor der Angst und schämen uns für unsere Scham. Davon trotzdem zu berichten erfordert hingegen einen gewissen Mut. Wenn andere sich also uns gegenüber öffnen, signalisiert uns das nicht nur eigene Vertrauenswürdigkeit und bedient unser Bedürfnis nach Nähe, sondern kann für uns auch ein motivierendes Signal zur Überwindung unserer Scham bedeuten. Dafür müssen wir die eigene Fassade Schritt für Schritt aufgeben, denn Schwimmen lernt man nur im Wasser. Außerdem sollte man sich immer wieder verdeutlichen, dass es biografische Gründe für unsere emotionalen Turbulenzen gibt, dass wir mit ihnen nicht allein sind und dass es zwar menschlich, aber auch unsinnig ist, sich dafür zu schämen. Wer dann selbst den Mut zur Selbstoffenbarung entwickelt und erlernt, wird viele konstruktive Erfahrungen machen, die den Weg zu einem gesünderen Selbstwertkonzept und erfüllteren Leben weiter unterstützen.

Und warum können sich manche Menschen nicht öffnen?
Ob sich jemand einem öffnet oder nicht, hat ganz individuelle Gründe. Vielleicht ist die Person nicht an einem Austausch interessiert, bevorzugt eine strikte Privatsphäre oder macht die Dinge lieber mit sich selbst aus. In vielen Fällen liegt der wahre Grund aber eher im bereits angesprochenen Schutzmechanismus: Wenn ich nichts von mir preisgebe, dann kann mir auch niemand etwas vorwerfen oder meine Schwächen ausnutzen. Auf lange Sicht ist der Preis dafür sehr hoch. Es kostet viel Energie und führt zu negativen Emotionen wie Angst, Ärger und Scham, wenn andere es trotz unseres großen Aufwandes doch schaffen, einen Blick hinter die Mauer zu werfen. Vor allem steht es aber der notwendigen Tiefe zwischenmenschlicher Beziehungen im Wege, die für die meisten von uns für ein zufriedenes oder gar erfülltes Leben doch so wichtig sind. Und was kann im schlimmsten Fall denn wirklich passieren? Wenn mich einer auslacht, sagt das dann nicht vielmehr etwas über den anderen und sein fragiles Selbstwertkonzept aus? Ohnehin nimmt der, der seine »Schwächen« offenbart, dem mutmaßlichen »Gegner« bereits den Wind aus den Segeln. Sorry, ich bin nicht an einem Wettlauf interessiert, davon ist mein Glück nicht abhängig.

Dr. Zorawski empfiehlt: Halten Sie es mit dem amerikanischen Kinderbuchautor Dr. Seuss: Sei, wer du bist, und sag, was du fühlst, denn die, denen das etwas ausmacht, können dir egal sein, und die, die dir wichtig sind, können damit umgehen.

Tiefe bedeutet, Schwächen zu haben? Nein, Tiefe kann man auch ohne Schwächen haben, aber wer hat denn keine Schwächen? Und wer seine Schwächen zeigt, zeigt eben auch Tiefe. Und schafft dadurch eine tiefer gehende Verbindung. Wenn der andere sich verletzlich zeigt, gibt mir das Sicherheit, und er schafft dadurch eine tiefere Verbindung zu mir. Er suggeriert mir, dass er mir vertraut und deshalb gerne das Wagnis eingeht, sich mir gegenüber zu öffnen. Das ist ein Geschenk.

Aber es gibt eben Menschen, die sich nur ganz wenigen wirklich mitteilen. Und das will ich akzeptieren. Ich mag sie trotzdem, und es ist auch gut, eine Sportgehfreundin zu haben.

ES GEHT AUCH ANDERS

Aber es geht ja auch ganz anders, zugewandter, am Menschen dran. Trotz Internet- und Smartphone- und Egoismus-Verdruss entwickelt sich gleichzeitig, vor allem in den Großstädten, die sogenannte *Share-Economy*. *Car2go*, *Greenwheels* und andere Konzepte des gemeinsamen Teilens zeigen, dass zum Beispiel gar nicht jeder ein eigenes Auto braucht, sondern dass es wunderbar funktioniert, wenn man sich mit mehreren Menschen eines teilt. Das klappt im Großen und Ganzen ganz gut, und die Flotten werden immerzu erweitert, genauso wie es hier in Hamburg immer mehr Stadträder gibt. Eine wunderbare Erfindung, die macht, dass man fast kein eigenes Rad mehr braucht.

Kleidertauschbörsen, Crowdfunding, Repaircafés und Nachbarschaftsportale sorgen für mehr Nachhaltigkeit und für Gemeinschaft. Das alles gab es vor zwanzig Jahren noch nicht in dem Ausmaß und lässt hoffen.

Oder Urban Gardening. Hier gibt es Gemüseanbauflächen in der Stadt, auf denen alle Arbeiten vom Anlegen der Beete über die Pflege der Pflanzen bis hin zur Ernte gemeinschaftlich geteilt werden. Es gibt aber auch weiter auswärts Bauern, die einen Teil ihrer Ackerfläche gegen eine geringe Miete für den eigenen Anbau von Obst, Gemüse und Blumen anbieten (www.meine-ernte.de). Hier gärtnert zwar jeder für sich, aber es gibt auch Gemeinschaftsarbeiten, und man trifft sich bei der Gartenarbeit. Solche Initiativen tun der Seele gut, lassen uns ganz bei uns sein und stärken gleichzeitig unser soziales Wesen.

Warum beobachten wir auf der einen Seite mehr Egoismus, auf der anderen die *Shareconomy*? Wie geht das zusammen?
Ob die Menschen tatsächlich egoistischer geworden sind, vermag ich nicht zu sagen, aber prinzipiell glaube ich das nicht unbedingt. Zunächst einmal gilt es dabei zu klären, wie wir Egoismus definieren wollen. So sind zum Beispiel die meisten Menschen gerne hilfsbereit, auch weil es sich für sie gut anfühlt, »gut« zu sein. Selbst kleine Kinder sind es bereits und entwickeln diese Fähigkeit dann mit zunehmendem Alter weiter. Auch das Belohnungssystem unseres Gehirns springt auf die Vorstellung einer eigenen guten Tat an. Egoismus und Altruismus sind also keine Gegensätze. Und wenn man nicht seine Ziele, Normen und Werte verfolgen soll, dann wessen sonst? Unerfreulich ist natürlich mehr Egoismus im Sinne von »Nach mir die Sintflut!«, bei dem für den eigenen Vorteil bewusst die Nachteile anderer in Kauf genommen werden. Durch Kommerzialisierung, Digitalisierung, Globalisierung und neue Medien sehen wir heutzutage wohl besonders spektakuläre Fälle dieser Art, die früher entweder im Verborgenen geblieben sind oder schlichtweg nicht möglich gewesen wären. Die Möglichkeiten sind durch die technischen, gesellschaftlichen und politischen Entwicklungen einfach viel zahlreicher geworden. Gleiches gilt aber auch für altruistisches Verhalten oder die angesprochene Shareconomy. So lassen sich mithilfe des Internets viele positive, soziale und altruistische Ideen deutlich besser umsetzen als zuvor.

Letztendlich bleibt zu hoffen, dass im Verlaufe der technologischen und gesellschaftlichen Veränderungen die »guten« Seiten des Egoismus beziehungsweise der menschlichen Natur und Kultur die Überhand behalten.

MIR KANNST DU'S DOCH SAGEN

Anstand sollte in unserem Alltag dazugehören. Wenn sich jemand mir öffnet, schenkt er oder sie mir damit großes Vertrauen. Er legt seine Scham in meine Hände. Er oder sie zeigt mir, dass seine/ihre Verletzlichkeit bei mir gut aufgehoben ist.

Manche Menschen schämen sich für eine Krankheit, die sie haben, weil sie wissen, dass sie einen damit in Verlegenheit bringen. So ging es mir mit einer Bekannten, mit der ich *Nia* tanze. Ich kenne sie nicht gut, aber wenn wir uns sehen, plaudern wir gern ein bisschen, und ich mag sie. Beim Tanzen hatte ich sie schon eine ganze Weile vermisst, und als ich sie auf dem Markt treffe, frage ich sie, warum sie nicht mehr kommt.

»Ich habe Krebs und die Chemotherapie nimmt mich gerade ziemlich mit – ich fühle mich gar nicht in der Lage, zu tanzen.« Sie klingt dabei regelrecht entschuldigend, so, als wolle sie mich nicht mit ihrer Krankheit belasten. Dabei ist sie es doch, die schwer krank ist!

Ich erschrecke, sage, dass es mir leidtut, und »So ein Mist«. Sofort beginnt sie, mich zu beschwichtigen, sie bemüht sich, mir zu vermitteln, dass »es ein Krebs ist, der ganz gut wegzukriegen ist«, dass sie »nur noch zwei Runden Chemo« vor sich hat und dann »eine leichte Bestrahlung bekommt« und dass ihr »Mann sie sehr unterstützt«. Wie kann ich ihr das Gefühl geben, dass sie mich jetzt nicht zu beruhigen braucht? Ihr scheint es regelrecht peinlich zu sein, dass sie mich in diese Situation gebracht hat.

Ich kenne das selbst von der Frage: »Hast du Geschwister?« Wenn ich dann sagen muss: »Nein, mein Bruder ist gestorben«, erschreckt der Fragende auch, und ich wiegele sofort ab und sage, dass das lange her ist. Man möchte dem anderen, der freundlich fragt, kein schlechtes Gefühl geben, man schämt sich geradezu. Manchmal sage ich auch nur »Nein«, um eben keine Verlegenheit hervorzurufen, aber dann bringe ich die andere Person noch mehr in Verlegenheit, wenn sie mit einem Einzelkind-

Witz um die Ecke kommt und ich dann erzähle, dass ich zwar mit einem Bruder aufgewachsen bin, der aber mit 26 Jahren im Auto ums Leben gekommen ist.

Es ist eine äußert brenzlige Situation, wenn man in der Position desjenigen ist, der sich dafür schämt, etwas zu haben, was den anderen in Verlegenheit bringen kann. Eigentlich ja wirklich seltsam: Warum denkt man, man müsse, wenn einem etwas Schlimmes widerfahren ist, Rücksicht darauf nehmen, wie das Gegenüber damit klarkommt? Woher kommt die Scham für eine schlimme Krankheit oder einen schweren Verlust?

Herr Dr. Zorawski, woher kommt diese Angst, das Gegenüber in Verlegenheit zu bringen?
Wahrscheinlich könnte man diese Neigung fast als Gegenteil von Schadenfreude ansehen. Man macht sich quasi dafür verantwortlich, dass das Gegenüber nicht unangenehmes Mitleid oder eine Art Ungerechtigkeit des Schicksals zu eigenen Gunsten und eine damit verbundene Scham verspüren »muss«. Ich darf nicht der Anlass dafür sein, dass der andere sich schlecht fühlt! Das spricht vielleicht für eine hohe Sensibilität und Empathie-Fähigkeit, mag in starker Ausprägung aber auch auf eine ungesund hohe Harmoniebedürftigkeit hinweisen.

In der Psychotherapie geht es zum Beispiel häufig darum zu lernen, es künftig nicht immer allen anderen rechtmachen zu müssen und sein Wohlbefinden daran zu knüpfen, wie es den anderen geht oder ob diese einen mögen. Dazu gehört auch, sich nicht mehr für ein eigenes Leid zu schämen, weil es das Gegenüber möglicherweise in Verlegenheit bringen könnte, sondern diesem zuzutrauen, mit dieser Offenheit umzugehen.

Und wie soll man als Gegenüber reagieren? Warum werden wir verlegen? Schämen wir uns etwa dafür, dass es uns gut geht? Fiele es uns leichter, zugeben zu können: »Hey, das geht mir genauso! Und, wie lange hast du noch? Ich so vier bis fünf Monate – wollen wir wetten, wer länger durchhält?« Wir würden uns damit in den Vordergrund spielen und die Probleme unseres Gesprächspartners nicht ernstnehmen.

Meine *Nia*-Freundin öffnet sich mir, sie sagt mir, wie es ihr gerade geht, und ich sollte mich in der Situation für ihre Offenheit bedanken. Wenn ich nicht weiß, was ich sagen soll, ist es das Beste, sie das auch wissen zu lassen, allerdings ohne selbst dabei in tiefes Mitleid zu fallen. Dass ich mir das hart vorstelle und ihr die Daumen drücke, dass es ihr bald wieder gut geht. Sie öffnet sich mir, also öffne ich mich ihr auch, indem ich ihr von meiner Hilflosigkeit erzähle, ohne diese in den Vordergrund zu stellen. Zu sagen, wie es ist, ist auch hier die beste Wahl.

Ich bewundere eine Frau bei uns im Haus, die es gar nicht so weit kommen lässt. Wir sind umgezogen, und ich freue mich, eine neue Nachbarin kennenzulernen. Sie geht am Stock, und ich frage: »Oh, waren Sie Schifahren?«

»Nein, das sind Nachwirkungen von einem Schlaganfall.«

»Oh, das tut mir leid!«, sage ich mitfühlend.

Sie lacht: »Oh ja, mir tut es auch leid! Aber immerhin kann ich mit dem Stock wieder gehen!«

Es freut mich, dass sie so entspannt mit ihrer Erkrankung umgeht. Ich nehme mir vor, sie ein anderes Mal genauer dazu zu befragen. Ich bin mir trotz ihrer gelassenen Reaktion unsicher, was sie davon erzählen möchte, ob sie überhaupt darüber reden will, schließlich lernen wir uns gerade erst kennen.

Wichtig ist in jedem Fall – da bin ich mir sehr sicher –, dem anderen nicht zu vermitteln, dass man selbst gottfroh ist, nicht in seiner Situation zu sein, oder dass man das alles genau so kennt und man das aber wunderbar wieder in den Griff bekommen hat – oder wahlweise ein Bekannter. Schließlich weiß man einfach nicht, wie sich die Person in dem Moment fühlt, wie es ihr damit geht und welche Erfahrungen sie schon gemacht hat.

Selbst wenn man jemanden kennt, der genau die gleiche Krankheit hatte, können sehr viele Umstände anders sein als bei dem Kumpel. Es kann geradezu überheblich wirken, wenn ich so tue, als wisse ich genau, worum es geht, und hat sogleich einen Beigeschmack von »hab dich nicht so, das ist nicht so schlimm, bei XY ist das auch ganz schnell wieder weggegangen«. Derjenige, der sich öffnet, hat schnell das Gefühl, in seinem Leid nicht ernst genommen zu werden.

Was man natürlich durchaus machen kann und einem sehr viele Sympathiepunkte bringt, ist, von der Bekannten zu erzählen, die genau dieselben Probleme hatte und die inzwischen daran gestorben ist. NEIN! AUF KEINEN FALL! Stell dir mal vor, das macht einer mit dir…

FREMDSCHÄMEN

Manche Menschen scheinen uns aber mit Absicht verlegen machen zu wollen. Ein Wort dafür gibt es noch nicht lange, obschon uns das Gefühl sehr vertraut ist: Wir schämen uns stellvertretend für jemand anderen, der etwas tut, was von der gesellschaftlichen Norm abweicht, und der sich dabei meist überhaupt nicht schämt.

Scham beschreibt die Angst davor, dass wir und unsere Taten von anderen schlecht bewertet werden könnten. Wenn wir uns für jemand anderen schämen, haben wir Angst davor, dass er oder sie dafür von seinen Mitmenschen richtig angegangen wird. Dabei gibt es zwei verschiedene Situationen:

Jemand stellt sich bloß und merkt nicht, dass er es tut.

Oder er merkt es und findet sich toll dabei.

Diese Nachmittags-Talkshows der 90er-Jahre des letzten Jahrhunderts, die meist den Namen des Moderators oder der Moderatorin trugen, waren oft zum Fremdschämen. Einfältige Menschen, die Streit oder andere Probleme hatten, trugen dies vor laufender Kamera aus, meist noch angestachelt von den Fernsehleuten. Viele machten sich lustig über diese Leute, die sich vielleicht ihre Viertelstunde Ruhm von dem Auftritt versprachen oder tatsächlich hofften, dass im Fernsehen von Britt, Arabella, Vera, Hans oder Franklin wirklich etwas geklärt werden würde. Dass sie ausgestellt wurden wie Tiere im Zoo, kam ihnen wohl kaum in den Sinn, sonst hätten sie es sicher nicht gemacht. Ich will mich nicht über sie stellen, wenn ich sage, mir taten die Leute meist leid. Sie fanden es toll, ins Fernsehen zu kommen. Und sie konnten nicht überblicken, was es für ihr weiteres Leben in ihrem kleinen Ort oder in ihrem Freundes- und Kollegenkreis an Auswirkungen haben konnte, wenn sie sich vor der Kamera anschrien, intimste Details von sich erzählten und sich richtig zum Obst machten. Ich verurteile heute noch die Fernsehmacher, dass sie Menschen überhaupt in diese Situation gebracht haben.

Heute gibt es immer noch ähnliche Shows, denn der Hang zum Voyeurismus des Publikums scheint nicht abzunehmen. *Dschungelcamp*, *Promi Big Brother* und *Das Sommerhaus der Stars*, irgendwelche Nackten, die sich kennenlernen sollen, und andere Formate befriedigen das Interesse an tiefen Einblicken in die Gemüter mancher »Stars« oder derer, die gerne ein Star wären. Man kann das nicht angucken, ohne sich fremdzuschämen. Aber bei diesen Formaten weiß man wenigstens, dass die »Stars« ordentlich Geld dafür bekommen und ein neues Buch, eine neue Sängerkarriere oder ein neues Implantat damit bewerben können, was auch heißt, dass ihre Teilnahme nicht aus Naivität geschieht, sondern aus Kalkül. Die Gäste der Talkshows damals dagegen wurden wahrscheinlich mit einem Unkostenbeitrag abgespeist und waren sich sicherlich nicht bewusst, welche Nachwirkungen ihr Agieren vor der Kamera hatte. Ich bedauerte die Menschen damals und hoffte, dass sie gut mit den Nachwehen auf die Sendungen leben konnten. Vielleicht war ihnen auch einfach der vermeintliche Ruhm wichtiger als alles andere.

Ich habe mich fremdgeschämt, aber viel mehr war ich sauer auf die, die das nicht nur zuließen, sondern ihre Probanden teilweise extra nach Fremdschäm-Faktor auszusuchen schienen und sie dann noch heiß machten. Wenn etwa eine Schackelin aus Berlin-Wilmersdorf erzählte, dass ihre Schwester von ihrem – Schackelins – Freund schwanger war, und sie diese dann als »Schlampe« anschrie – man wollte nicht dabei sein und hoffte, dass die das irgendwie alleine gebacken kriegten.

Heute machen sich auch Reiche und Schöne zum Obst im Fernsehen. Das Gute ist: Man muss es nicht angucken. Aber auch in der Politik und in sogenannten Promikreisen erscheinen oft Menschen, für die man sich schämen möchte. Aber reicht es nicht, wenn ich mich für mich schäme? Muss ich dann noch für andere in die Bresche springen, weil die ihre Scham irgendwo abgelegt haben? Natürlich nicht. Ich brauche mich ja einfach nicht damit zu befassen. Aber auch der Freundes- und Bekanntenkreis bietet Gelegenheiten zum Fremdschämen.

Einmal lud ich einen befreundeten bekannten Moderator und Comedian zu meiner privaten Geburtstagsfeier ein und freute mich, dass er auch kam. Als wir zusammen die Küche betraten, erstarben erst die Gespräche, dann rief eine Freundin: »Den kenn ich ausm Fernsehen!«, obwohl er direkt vor ihr stand. Und als wäre das nicht genug, fielen andere auch gleich mit ein: »Ich auch!« oder »Ich hab ihn schon live gesehen!« Ich fand das hochgradig unhöflich und oberpeinlich. Ich schämte mich so für meine Freunde und ließ das den Kollegen auch wissen, der mich aber beruhigte, indem er mir mitteilte, er kenne diese Reaktion und könne damit umgehen. Puh. Peinlich war mir das trotzdem. Ich hatte damals noch überhaupt keine Ahnung von Verletzlichkeit und Scham. Heute könnte ich wenigstens dieses Buch lesen …

Ich bin nicht immer okay, oder?

Oft genug verletzen wir uns selbst, wenn wir unsere wahren Bedürfnisse verleugnen und etwas machen, was wir eigentlich gar nicht wollen. Wenn wir uns mit einer Entscheidung unwohl fühlen, aber glauben, dass sie so von uns erwartet wird.

Ehrlich zu sich selbst zu sein ist manchmal gar nicht so leicht. Auch weil wir oft automatisch so handeln, wie wir es immer getan haben.

Aber woher weiß ich denn, was ich will? Manchmal hilft uns unser Körper dabei, dem auf die Schliche zu kommen, wenn wir etwa bei etwas »Bauchschmerzen« bekommen, etwas »schwer auf unseren Schultern lastet« oder wir etwas »einfach nicht schlucken« können – Magengrummeln, Nacken- und Rückenschmerzen oder eine Halsentzündung sind wichtige Warnsignale dafür, dass etwas bei einem nicht so rund läuft.

Wie aber kann es überhaupt sein, dass wir selbst manchmal nicht merken, wie wir mit uns umgehen? Dass wir immer wieder von uns erwarten, perfekt zu sein? Den Maßstab dafür setzen übrigens nicht etwa wir selbst, sondern den lassen wir von anderen Menschen festlegen. Eigentlich wissen wir doch, dass wir super sind, wie wir sind! Wir sind schlau, liebenswert, witzig und wunderschön!

Kann es sein, dass wir das manchmal vergessen? Und dass wir unsere wahren Bedürfnisse gaaanz weit nach hinten schieben, weil wir glauben, nur so etwas wert zu sein? Weil wir ja funktionieren müssen? Weil ohne uns nichts geht? Weil andere das alles ja auch schaffen? Weil wir uns nur ein bisschen zusammenreißen müssen? Weil wir gebraucht werden? Aber wie viel bringt es anderen (und uns selbst), wenn wir vor lauter Selbstverleugnung dann nicht mehr können? Wie sollen wir nett zu anderen sein, wenn wir es nicht zu uns sind?

Herr Dr. Zorawski, warum merken wir manchmal nicht, dass wir uns nicht guttun? Und wie können wir solchen Situationen vorbeugen?

Wahrscheinlich, weil wir uns gerade im Autopilot-Modus befinden – vor allem unter Stress. Dann handeln wir nach mehr oder weniger bewussten Mustern, die nicht immer im Sinne unserer Ziele und unserer langfristigen Lebenszufriedenheit funktionieren. Vielmehr geben uns dann ungesunde Selbstwertbedingungen und unrealistische Ansprüche die Richtung vor. Wir »müssen« es dann zum Beispiel anderen recht machen oder sie beeindrucken, damit wir uns gut fühlen können. Das kann zu Überlastung und sogar körperlichen Symptomen führen. Häufig werden Menschen auch erst dann krank, wenn sie alle ihre Pflichtaufgaben erfüllt haben, also »rechtzeitig« zum Wochenende oder Urlaubsbeginn.

Andere glauben, jetzt sofort Spaß haben zu müssen und ja nix verpassen zu dürfen, beziehungsweise streben umgehend nach Entspannung, Genuss und Entlastung. Das können auch unbewusste Handlungsmaximen sein, die auf Dauer problematisch sind, denn sie können zum Beispiel dazu führen, dass wir uns gesteckte Ziele nicht erreichen, ungesunde Lebensgewohnheiten pflegen oder größere finanzielle Probleme entwickeln.

Unsere »wahren Bedürfnisse« sollten wir also primär so definieren, dass sie im Einklang mit unseren Werten und langfristigen Zielen stehen sowie der Art und Weise, wie wir leben wollen, und nicht nur als das, was sich kurzfristig gut anfühlt. Das kann bedeuten, sich nicht mehr ständig um andere zu kümmern oder immer alles perfekt zu machen, aber eben auch, nicht immer den Weg des geringsten Widerstandes zu nehmen. Dies ist nicht leicht, aber man

kann es lernen. Sinnvoll wäre etwa, vor einer Handlungsentschei-
dung die interne »Pause-Taste zu drücken« und sich zu fragen, ob
das Verhalten wirklich im eigenen Sinne ist und ob es einem auch
langfristig nützt. Dafür kann auch das berühmte »Eine-Nacht-
(oder mehrere) darüber-Schlafen« ganz hilfreich sein.

Dazu müssen wir natürlich erst einmal bemerken, wenn wir wieder mal schlecht über uns denken. »Boah, schon wieder zu spät!
Warum kriege ich das nicht hin, ich Transuse?«, das sollte uns
schon auffallen.

Ich denke, man kann das trainieren. Immer wieder freundlich mit sich selbst sprechen, gnädig sein, wenn man sich mal
wieder geißelt, weil der Bus weg war, bevor man selbst an der Haltestelle stand. Denn das ist dann ja doppelt ärgerlich: Der Bus ist weg, und man beschimpft sich auch noch dafür! Besser ist,

> *Wir müssen immer wieder den*
> *Test machen: Wäre es kränkend,*
> *wenn jemand anders das zu mir*
> *sagen würde?*

die Zeit bis zum nächsten Bus zu nutzen, um ein leckeres Franz-
brötchen für die Pause zu kaufen. Oder die Augen zu schließen
und sich die Sonne ins Gesicht scheinen zu lassen. Wie? Wenn
so etwas passiert, regnet es normalerweise auch in Strömen, man
hat den Schirm vergessen und einen so wichtigen Termin, dass
der nächste Bus überhaupt nicht infrage kommt?

Dann muss man eben ein Taxi heranwinken. Oder man
überlegt, wie viel Stress und gedanklichen Ärger dieser ach
so wichtige Termin wirklich wert ist. Auf jeden Fall soll man
freundlich zu sich sein.

Ich bin manchmal nicht nur mit Worten unfreundlich zu
mir, sondern ich übergehe einfach meine Bedürfnisse. Und
merke dann später, dass ich gerade nicht nett zu mir war. Wenn
ich wieder mal meine erhabenen Vorstellungen davon habe, was
ich eigentlich alles können muss. Oder machen muss. Oder
beides. Wenn ich gar nicht darüber nachdenke, dass es mir zu

viel sein könnte, nach einer anstrengenden Reise gleich neu die Koffer zu packen und mich wieder auf den Weg zu machen, morgens in aller Herrgottsfrühe. Ich wundere mich dann über eine Panikattacke, und erst, wenn ich länger darüber nachdenke, merke ich, dass ich mich übernommen habe. Dass ich einmal mehr nicht an meine Grenzen gedacht habe. Grenzen, die alleine meine sind und die von mir aus jeder andere lächerlich finden kann. »Komm schon, stell dich nicht so an«, habe ich mir unbewusst auch in dieser Situation ein paar Mal zu oft gesagt.

Bei jedem anderen habe ich vollstes Verständnis für alles, aber von mir verlange ich Dinge, von denen ich weiß, dass ich sie nicht möchte oder dass sie mir einfach viel zu viel sind. Warum ist das so? Wenn ich von anderen erwarte, dass sie mich gut behandeln, muss ich mich doch erst einmal selbst freundlich behandeln. Meine Ansprüche an mich kommen vielleicht, wenn ich länger darüber nachdenke, gar nicht von mir. Vielleicht habe ich sie als Kind von meinen Eltern immer wieder gehört, oder es sind gesellschaftliche Anforderungen, denen ich gerecht werden möchte.

Durch ständig von außen an einen herangetragene Ansprüche kann man lernen, die eigenen Bedürfnisse nicht nur zu vergessen, sondern auch verlernen, sie anzuerkennen.

Wenn ich doch weiß, dass ich mich nicht gerne in Menschenmassen aufhalte, dann kann ich mich darüber hinwegsetzen und mir sagen: »Stell dich nicht so an!« Oder ich sage: »Ich komme nicht mit auf den Dom (hamburgisch: Kirmes), mir ist es da zu voll.« Indem ich diesen Umstand, dass ich Massenveranstaltungen nicht mag, vor mir selbst anerkenne, bleibe ich authentisch und bei mir. Genau wie ein Asthmatiker wahrscheinlich keinen Holzfußboden abschleifen möchte, weil er weiß, dass ihm das nicht guttut. Auch wenn er es wahnsinnig gerne machen würde, wie eigentlich jeder – wir kennen alle die unzähligen Annoncen in unseren Wochenblättern: »Wessen Boden darf ich abschleifen? Gerne möglichst viele Quadratmeter! Gerne ohne Bezahlung!« Nein, wenn er anerkennt, dass das nicht gut für seine Gesundheit ist, also zu seiner Krankheit steht, wird er solch ein Inserat nicht aufgeben. Wir müssen unsere Grenzen ernst nehmen und dürfen uns nicht von irgendwelchen Gewohnheiten oder scheinbaren Wünschen anderer überreden lassen.

Ich hasse es, zu streiten. Lieber nehme ich alles hin, als mit jemandem in Konflikt zu geraten. Meine Angst, nicht mehr geliebt zu werden (oder gemocht), ist riesig. Dabei habe ich keine Angst davor, dass ich *mich* einmal nicht mehr lieben könnte – das ist doch seltsam. Ich stehe mir ja an sich am nächsten. Und nicht nur das. Indem ich etwas tue, weil »man das so macht« oder »weil sich das so gehört«, verleugne ich mich regelrecht. Ich bin nicht nur nicht freundlich zu mir, ich missachte mich und meine Wünsche.

Zum einen, wie oben beschrieben, weil ich sie gar nicht mehr wahrnehme und mich unbewusst übergehe und weil meine Angst, etwas »falsch zu machen« und nicht zu gefallen, größer ist als mein Wunsch, zu mir zu stehen.

BEI MIR, GANZ KLAR!

Wenn ich jedoch ab und zu all meinen Mut zusammennehme und wirklich bei mir bleibe, merke ich, dass ich gar nicht verstoßen werde, sondern dass es mir und meinem Selbstwert sehr guttut und dass ich für meine Klarheit und Aufrichtigkeit mir selbst gegenüber auch von anderen als selbstbewusst und in mir ruhend wahrgenommen werde. Ich bewundere auch Menschen, die sich mir gegenüber so verhalten. Die klar sind.

Ich erinnere mich gern an meinen Englisch-Leistungskurs-Lehrer, bei dem die Regel galt: Ohne Hausaufgaben null Punkte im Mündlichen. Einmal hatte ich meine Aufgaben vergessen. Ich beichtete das zu Anfang der Stunde und entschuldigte mich und hoffte auf Begnadigung. Er zückte sein Notenbuch und trug null Punkte bei mir ein. In diesem Moment war ich geschockt, ich fand die Maßnahme zu hart und ärgerte mich über ihn. Aber so war die Regel, er ließ einfach nicht mit sich reden und war klar und konsequent – mit allen im Kurs. Ich hatte von da an immer meine Hausaufgaben, und – so streng er war – wir mochten diesen Lehrer besonders gern. Es gab bei ihm keine Ausnahmen, für niemanden, keine Nachsicht, keine Ausreden, und wir schätzten genau das an ihm, wir mochten seine Konsequenz, seine Gradlinigkeit. Einmal waren wir sogar bei ihm zum Grillen eingeladen – als erster Kurs überhaupt –, und er ist für mich ein Vorbild geblieben.

Er war ein feiner Mann und einer mit Prinzipien. Ein Mensch, der bei sich blieb und seine Regeln einhielt.

War ich auf Tour, so war es immer wichtig für mich, dass das Drumherum stimmte. Es hat etwas mit persönlicher Seelenhygiene zu tun und dass ich mich nach einem Auftritt wieder sammeln konnte. Ich verstehe inzwischen sehr gut, dass Musiker oder Schauspieler, die viel in der Welt unterwegs sind, in ihrem »Zuhause auf Zeit« Wert auf die unterschiedlichsten Dinge legen – auch wenn

Meine Grenze, deine Grenze. Dazwischen können Welten liegen. Was mir unangenehm ist, kann dir vollkommen Wurst sein. Und andersherum.

sie damit vielleicht mal zickig rüberkommen. Ein gutes Hotel mit bequemer Matratze, Ruhe und einem reichhaltigen Frühstück, einem sauberen Bad und freundlichem Personal, das alles ist schon wichtig, wenn man so viel Zeit im Jahr fernab von zu Hause verbringt.

Einmal wollte ich bei einer gemischten Show mitmachen. Das heißt, man steht mit mehreren Kollegen auf der Bühne und jeder hat etwa eine halbe Stunde Programm. Wohl aus Kostengründen hatte der Veranstalter für mich kein Hotel gebucht, obschon das vertraglich so vereinbart war – stattdessen sollte nicht nur meine Garderobe aus dem nach Teenagerschweiß duftenden Zimmer des Veranstaltersohnes bestehen. Nein, ebenda sollte ich auch übernachten. Puh. Es fühlte sich für mich, die ich schon seit vielen Jahren auf den Bühnen dieses Landes unterwegs war, so an, als würde ich in die Privatsphäre eines wildfremden Pubertiers eindringen, was ich ja auch tat.

Dennoch fiel es mir schwer, mich sofort zu beschweren. Wieder stürzte mein innerer Kritiker nach vorn mit seinen Kommentaren: »Eine Nacht wird das ja wohl mal gehen!«, »Stell dich nicht so an, du Diva!« und »Dafür, dass er pubertiert und sein Zimmer auch so riecht, kann er nichts, und er liegt ja nicht neben dir heute Nacht. Hoffe ich jedenfalls…«

Aber diesmal wehrte sich eine andere Stimme dagegen: »Ich habe schon in üblen Pensionen gepennt, aber da hatte ich wenigstens mein eigenes Zimmer. Seit vier Tagen bin ich unterwegs, ich brauche Ruhe. Ich muss das nicht machen. Ich bin keine Diva und auch nicht zickig, das geht für mich so nicht. Und ich werde das denen jetzt sagen, egal, was sie denken.« Ich teilte dem Moderator, der mich gebucht hatte, also mit, dass ich mich im Kinderzimmer weder aufhalten noch meinen wichtigen Nachtschlaf dort verbringen wollte. Zumal der junge Mann immer wieder hereinkam, weil er sein Mathebuch, seinen Taschenrechner oder sein Lineal vergessen hatte.

Natürlich versuchten mich Moderator und Veranstalter dann mit ähnlichen Worten wie mein innerer Kritiker zu überreden, und ich war froh, dass ich meine Antworten schon mit mir selbst geübt hatte. Außerdem bestand ich nach Rücksprache mit meiner Agentin felsenfest auf einem Hotelzimmer. Nach einigem Hin und Her und Telefonaten mit meinem Freund, der mir mitteilte, dass es spätabends noch eine Bahnverbindung nach Hause gab, einigten wir uns darauf, dass ich als Erste drankam,

Meine Grenze war hier überdeutlich überschritten worden – und ich hatte es gemerkt und darauf Rücksicht genommen! Yippie!

nicht am Finale teilnahm und statt ins Kinderbett zu ziehen den Zug nach Hause ins eigene nahm.

Der Veranstalter und der Moderator waren Männer, die notfalls auch mal auf der Luftmatratze in irgendeinem Hinterhof nächtigten, wenn es sich als notwendig erweisen sollte, für die also jedes Bett das Paradies bedeutete – *mir* machte es etwas aus.

Deshalb ist es wichtig, dass ich mir immer wieder klarmache: Du hast eine andere Komfortzone als ich. Und ich muss meine immer wieder verteidigen und ohne Scham sagen: Das möchte ich nicht. Das geht so nicht. Das will ich anders. So fühle ich mich nicht wohl. Bei mir bleiben und sagen, wie es für mich ist. Immer wieder von Neuem den Mut aufbringen, etwas anders zu sehen als andere, ohne die Angst zu haben, nicht mehr gemocht zu werden. Denn die, die mich dann nicht mehr mögen, können mir auch gestohlen bleiben. Und es ist auch vollkommen okay, mir von denen, die mich mögen, Unterstützung zu holen, seelischen Beistand, wie in meinem Fall bei meiner Agentin und meinem Freund. Vielleicht brauche ich diesen Beistand irgendwann nicht mehr, aber solange ich ihn brauche, ist es gut, dass ich ihn habe.

VÖLLIG LOSGELÖST

Warum haben wir oft solch ein Problem damit, uns verletzlich zu zeigen? Vergraben unsere Gefühle, verfallen lieber dem Alkohol oder der Ironie, machen Sport auf Hochleistungsniveau, damit wir wenigstens unsere Muskeln noch spüren, und springen Bungee oder rasen auf der Autobahn? Oder springen Bungee auf die Autobahn? Wir suchen den Thrill, sei es in Horrorfilmen oder bei einem höllisch scharfen Chiligericht, dabei wäre es schon aufregend genug, mal in uns selbst zu gucken, welche Schätze wir in uns tragen. Und welche Schwächen. Oder sind wir Menschen im Lauf der Evolution weniger verletzlich geworden? Das kann natürlich auch sein. Dass Mitgefühl und Mitleid im Miteinander überhaupt keine Rolle mehr spielen müssen, weil es uns allen super geht. Weil wir mit Gefühlen nichts mehr am Hut haben, sondern sie als »Duselei« abtun. Weil wir keine Herdentiere, sondern nur noch Einzelgänger sind. Weil wir niemanden brauchen, von niemandem gemocht werden müssen und es uns einzig und allein nur um uns selbst geht – und uns muss es gut gehen, fertig.

Und damit es uns gut geht, brauchen wir keine anderen. Noch fertiger. Außer vielleicht einen Hund oder eine Katze. Die wir dann aussetzen können, wenn sie uns auf die Nerven gehen sollten. Am fertigsten.

Und wenn wir etwas von uns zeigen, dann nur, um damit Geld zu verdienen. Dann zeigen wir uns halbnackt bis nackt (als Frau) in Modelshows oder Männermagazinen oder unserem *Instagram*-Account oder ganz nackt (als Mann und Frau) in irgendwelchen Dating-Shows und Dschungelcamps, und es ist uns vollkommen egal, dass jeder sieht, wie wir unter unseren zerfetzten Jeans aussehen. Im Gegenteil, wir haben dafür viel Sport gemacht, wenig gegessen und eine Menge bezahlt, damit wir so aussehen, und das soll dann auch von jedem begutachtet werden. Wir entledigen uns unserer Scham, weil wir gar nicht mehr wissen, wofür wir uns schämen sollen, wir sind doch stolz auf unsere operierten Möpse und unseren abgesaugten Waschbärbauch.

Aber das Doofe ist, dass das Ignorieren der natürlichen Schamgrenze von einigen vielen Personen des öffentlichen Lebens dazu führt, dass junge Mädchen (und Jungen) sich in ihrer Haut nicht wohlfühlen. Dass sie noch verletzlicher werden, als sie es eh schon sind. Und wenn jetzt jemand ankommt und sagt: »Aber es ist doch toll, dass die sich so verletzlich zeigen – nämlich ganz nackt!«, dann stimmt das nicht. Deren Verletzlichkeit steckt ganz woanders, nur eben nicht in ihrem Körper. Ihr Körper ist gleichsam ein Mittel, um von ihrer eigentlichen Verletzlichkeit und Unsicherheit abzulenken, ihre Nacktheit ist ihr Panzer. Gleichzeitig vermitteln sie so dem Betrachter: Seht her, so toll sehe ich aus! Und um ähnlich toll zu sein, müsstest du auch so aussehen wie ich.

Dadurch wird die Schamgrenze beim Normalo noch einmal hochgesetzt, und selbst katholische Mädchen wollen nur noch im Burkini ins Freibad, damit man diese eine ungeliebte Stelle, die Heidi Klum selbst mit 45 nicht hat, nicht sieht.

Wo diese Models und Nacktdarsteller in Wahrheit verletzlich sind, sieht man nicht. Das behalten sie schön für sich. Und falls mal eine Stelle am Körper nicht tadellos sein sollte, wird sie wegoperiert oder wenigstens retouchiert.

Nun könnte man der Mutter dieser Zeilen natürlich vorwerfen, neidisch zu sein. Bin ich vielleicht auch. Manchmal denke ich, warum habe ich diese Dellen an den Schenkeln, warum fangen meine Wangen an zu hängen, und wieso passen mir meine Jeans nicht mehr? Und ich weiß, wenn ich viel mehr Sport machen würde und völlig anders und vor allem weniger essen würde, dann passten mir meine Jeans vielleicht noch und ich wäre mit meinem Gesamtbild zufriedener. Aber das trifft auf andere Dinge genauso zu: Wenn ich richtig Italienisch lernen würde, könnte ich heute besser Italienisch. Wenn ich hin und wieder Segelkurse machen würde, könnte ich jetzt segeln.

Und ich habe gar nicht die Zeit und die Lust, ständig Sport zu machen und keine Schokolade mehr zu essen! Wozu gibt es denn Nugat? Ich nehme lieber Dellen an den Oberschenkeln und anderswo sowie neue Hosen in Kauf und finde mich dennoch hübsch. Und bin froh, dass ich nicht den Drang habe, mich ständig überall nackt zu zeigen. Das geht kaum jemanden etwas an. Denn ich habe meine Scham noch.

Heidi Klum & Co. zeigen dagegen permanent: Seht her, da gibt es nichts, wofür ich mich schämen muss, denn ich habe einen geilen Body!

Es ist verwunderlich, dass es kaum eine Professorin oder Wissenschaftlerin gibt, die ständig neue Klugheiten postet, nach dem Motto: »Lest dies! Ich habe schon wieder ein Millenniumproblem gelöst, seht her, ich bin die schlauste Bitch der Welt!«

Darauf könnte sie wirklich stolz sein, das wäre etwas, was man mal mit Stolz posten könnte! Aber nein, das machen sie nicht. Rettung der Weltmeere, Armut und Elend auf der Welt bekämpfen, Krebs besiegen – die Menschen, die dafür und daran arbeiten, haben keine Zeit und sehen keinen Grund, ständig überall zu posten. Sie machen ihre Arbeit und müssen nicht damit angeben. Vielleicht muss man sich ständig halbnackt posten »Ich esse nichts mehr und bin jeden Tag fünf Stunden im Fitnessstudio, damit ich mit fünfundvierzig noch aussehe wie fünfunddreißig!«, weil man total verzweifelt ist, weil man sonst nichts Sinnvolles im Leben tut und den Segen der Gesellschaft für sein Dasein haben möchte.

Und es gibt genügend Menschen, die das unterstützen. Wieso fallen wir, gemeinsam mit sehr vielen anderen, auf den schönen Schein herein? Weil wir uns von unseren eigenen Verletzlichkeiten ablenken wollen? Weil wir keine Ziele mehr haben, außer denen, die an uns herangetragen werden?

Und es werden immer mehr Gründe erfunden, für die man sich schämen kann. Plötzlich interessieren sich Mädchen ab zwölf Jahren für solche Dinge wie eine »Thigh Gap«, also eine Lücke zwischen den Oberschenkeln, ein Dreieck zwischen den Beinen, oder für die Form ihrer Schamlippen!

Wieso? Weil ihnen von irgendwelchen hungrigen, dürren Kleiderständerinnen auf Instagram, Facebook und Co. erklärt wird, wie sie auszusehen haben! Geht's noch? Die heißen doch extra Schamlippen, weil sie niemanden etwas angehen, außer einen selbst (und vielleicht eine weitere, selbstgewählte Person)! Eine Nachbarin hat mir tatsächlich erzählt, dass ihre fünfzehnjährige Tochter ungern beim Sport enge Gymnastikhosen trägt, weil sie sich für ihre Schamlippen schämt! Es ist ja schön und gut, wenn junge Mädchen sich mit ihrem Körper befassen, aber doch nicht so negativ! Und wer um alles in der Welt bestimmt, wie Schamlippen auszusehen haben? Was ist, wenn mal jemand auf die Idee kommt, zu sagen – ich traue mich gar nicht, mir irgendwas auszudenken, nachher bin ich schuld, wenn Mädchen verzweifeln, weil ihre Achselhaare nicht lang genug sind, um sie zu flechten, oder etwas Ähnliches.

Männer brauchen ein Sixpack, Frauen müssen schlank, durchtrainiert und leicht gebräunt sein, und es gibt immer neue Gründe, weswegen man sich schämen kann: falsche Haarfarbe, zu schmale Augenbrauen, zu dick sein, zu klein sein, zu kleiner Po, zu großer Po – zu irgendwas. Ich erinnere mich noch gut an die Entrüstung eines Kurzzeitfreundes vor hundert Jahren von mir, der sich empört über meine sekundären Geschlechtsmerkmale äußerte: »Aber größer dürften sie wirklich nicht sein!« Oh, okay, entschuldige, dann werde ich sie nicht weiter aufpusten.

Du hörst die falsche Musik? Schäm dich! Du hängst mit den falschen Leuten rum? Schäm dich noch mehr! Du hast nicht die Kohle, dir ständig Designer-Klamotten und schnelle Autos zu kaufen? Iiih, du stinkst!

So vieles wird uns als Schwachpunkt ausgelegt, es macht uns auf eine abstoßende Art verletzlich: Denn eigentlich sind das alles überhaupt keine Schwachstellen, irgendwelche Leute haben sie sich nur ausgedacht, um uns zu drangsalieren und, vor allem, um etwas zu verkaufen.

Und es gibt ständig neue (Schein-)Herausforderungen für junge Menschen. Eine Zeit lang waren Teens und Twens (man hat ja herausgefunden, dass die Pubertät bis weit in die Zwanziger reichen kann), die vor laufender Kamera Waschmittel aßen, die Coolsten. Die sich quasi live vergifteten! Wer das überlebte, war angesagt! Das muss man sich mal vorstellen!

Ich finde ja viele »Challenges« auf *YouTube* absolut dämlich, weil sie wahnsinnig gefährlich sind, zum Beispiel, wenn junge

Leute (meist Herren, die Damen schminken sich ja größtenteils nur oder zeigen ihre Einkäufe) über Mauern und Dächer klettern und springen und sich wirklich in Lebensgefahr begeben, aber denen kann man wenigstens noch eine – wenn auch halsbrecherische – athletische Leistung zugestehen. Aber man stelle sich im Vergleich dazu einen jungen Mann vor, der zu Hause am Küchentisch sitzt und Waschmittel-Tabs isst! Und das filmt!

Und diese Filme gehen viral (breiten sich virusgleich im Internet aus) und andere Teenager denken tatsächlich: »Wow, was für ein irrer Typ, das probiere ich auch! Und ich nehme die mit extra Waschkraft und gleich drei davon! Schmecken bestimmt scheiße, aber was soll's ...« Gut, das kann man dann immer noch mit den komplett verquer geschalteten Synapsen im Teenagerhirn entschuldigen (Testosteron wirkt toxisch!) – damit können sich die Gebäudespringer nicht immer herausreden.

Dennoch bleibt die Frage, was wollen die vergifteten Synapsen in dem Moment erreichen? Es geht um Ansehen. Ums Gemochtwerden. Auswählen zu können und nicht Gefahr zu laufen, selbst nicht ausgewählt zu werden. Wir kennen das noch vom Schulsport, etwa Volleyball. Irgendwann waren bei der Mannschaftsaufstellung nur noch wenige übrig: »Wir nehmen Rollstuhl-Rita, Krücken-Karin und die dröge Dörte, wenn ihr Käthe nehmt!«

Man verletzt bewusst Schamgrenzen, indem man Bilder einer hundemüden Kanzlerin im Auto nach tage- und nächtelangen Diskussionen ins Netz stellt, Videos von schlimmen Unfällen auf *YouTube* präsentiert und Menschen in unvorteilhaften Posen und Momenten ablichtet und der Öffentlichkeit zum Fraß vorwirft. Es wird in den (sogenannten sozialen) Medien nicht darauf geachtet, andere möglichst gut aussehen zu lassen, sondern Schwachstellen und Fehler werden geradezu

> *Zur Schamlosigkeit gehört, dass man andere in Situationen bloßstellt, in denen keiner von uns gesehen werden will.*

gesucht, um jemanden lächerlich zu machen und Häme über ihn ausschütten zu können. Und wozu? Aus Sensationsgier, um andere auslachen zu können. Und wozu das? Zur reinen Unterhaltung und um sich selbst und seine Leistungen damit hervorzuheben. Seht alle her, was ich für ein dämliches Bild von XY gefunden habe! Weil ich sehr toll bin! Und je mehr Likes der Beitrag dann hat, umso angesehener fühlt sich der Urheber des Posts dann.

Wenn jemand in der Öffentlichkeit steht, denken viele Menschen, ihnen stehe es zu, denjenigen verletzlich zu sehen. Dabei hat niemand das Recht, einen anderen zu zwingen, seine Verletzlichkeit zuzugeben.

Im Mittelalter war Schadenfreude durchaus üblich, wenn etwa Diebe oder Ehebrecherinnen an den Pranger gestellt wurden. Aber heute muss man nicht mal mehr auf den Marktplatz gehen, um einen Dieb zu verhöhnen, man braucht kein faules Obst oder Lehmklumpen, um ihn zu bewerfen – heute muss man sich selbst nicht die Finger schmutzig machen und kann ihm die wüstesten Beschimpfungen anonym gleich vom heimischen Sofa aus über die Medien zukommen lassen. Und erreicht damit noch viele, viele Menschen mehr als damals. Andere zu beschämen und zu demütigen war in früheren Zeiten eine Strafe, die erzieherisch wirken sollte, sowohl für den am Pranger Stehenden als auch für die Menschen, die sich über ihn lustig machten und ihn mit faulem Obst bewarfen. Aber heute ist es nicht mehr »nur« faules Obst, und es werfen weitaus mehr Menschen als damals auf dem Marktplatz, und sie werfen mit Worten, und das ist schlimmer als mit schimmligen Tomaten.

Wir Menschen sind leider schadenfroh. Das nutzen Boulevardblätter und andere Medien aus. Sie tun so, als machten sie sich Sorgen um Prominente und wollen diese doch nur am Boden sehen und noch einmal auf ihnen herumtrampeln. Weil sie wissen: Vielen Lesern gefällt das. Gestürzte Idole geben Menschen Auftrieb, frei nach dem Motto: Dem hat sein Ruhm und sein Geld auch nichts gebracht. Sie fühlen sich besser, wenn es anderen, die sie einmal toll fanden, auch mal schlecht geht.

Jedem, der in der Öffentlichkeit steht und einen Fehler begeht, der herauskommt, kann man nur zurufen: »Stehen Sie

sofort zu all Ihren Fehlern! Entschuldigen Sie sich und zeigen sie Reue!« Denn dann kommt oft die Reaktion aus der Öffentlichkeit: Selbst so einer verbockt mal was. Toll, dass er dazu steht! Das ist einer von uns!

So haben zum Beispiel 2018 die *Eisbären Berlin*, eine Eishockeymannschaft, auf Wunsch eines Spielers mitgeteilt, dass dieser sich »aufgrund seiner Alkoholabhängigkeit« in medizinische Behandlung begeben hat. Und: Die Öffentlichkeit billigt seine Offenheit nicht nur, sie heißt sie gut und bewundert ihn für den Mut, seine Krankheit bekannt zu machen. Statt Hasstiraden gibt es gute Wünsche für den Mann.

Dennoch darf jeder selbst entscheiden, wem er sich wie weit öffnen möchte. Doch dazu später mehr.

Herr Dr. Zorawski, wie erklären Sie Schadenfreude? Warum sind Menschen schadenfroh?

Der deutsche Philosoph Friedrich Nietzsche sah in der Schadenfreude die Regulation von Neid, Sorgen oder Schmerz. Der nach Gerechtigkeit und Gleichheit strebende Mensch erlebe durch die Freude am Schaden des anderen eine Relativierung der eigenen Schwächen oder des eigenen Unglücks.

Schadenfreude entwickelt sich zumeist im Grundschulalter, wenn sich Kinder erstmals regelmäßig positionieren müssen oder Konkurrenzsituationen ausgesetzt sind. Je nachdem, wie selbstunsicher oder -sicher sich ein Mensch dann entwickelt, mag er mehr oder weniger zu Schadenfreude neigen.

Arthur Schopenhauer, ein anderer deutscher Philosoph, hielt Schadenfreude gar für das niederste aller Gefühle und als sicheren Beweis für ein »ganz schlechtes Herz«. Meines Erachtens stellt sie eher eine menschliche Begleiterscheinung von Unsicherheit und geringer Frustrationstoleranz dar. Übermäßige Schadenfreude halte ich jedoch für ungesund, denn sie deutet womöglich auf Neid, Frust und Selbstzweifel hin.

ECKART VON HIRSCHHAUSEN
ÜBER VERLETZLICHKEIT

Dr. med. Eckart von Hirschhausen ist Mediziner, TV-Moderator, Komiker und Buchautor mit eigenem Magazin (Gesund Leben).

Deine Position hat sich in den letzten zwanzig Jahren ganz schön verändert. Was würdest du sagen, ist es jetzt als Prominenter leichter oder schwerer, dich verletzlich zu zeigen?

Prominente sind in zwei Phasen interessant für die Medien: im Aufstieg und im Fall. Plateau ist langweilig. Und es ist sehr viel leichter, Menschen das erste Mal zu überraschen, dass man besser ist als das, was sie erwartet haben, als wenn sie schon sehr viel von einem erwarten. Insofern ist Bekanntheit Fluch und Segen. Ich habe das Gefühl, ich muss nicht mehr allen etwas beweisen, und das, was ich mache, muss auch nicht jedem gefallen. Mir gefällt ja auch nicht alles, was alle machen. Und auch nicht alles, was ich mache. Über Kritik kann ich mich immer noch ärgern, und was mich daran am meisten ärgert, ist die Tatsache, dass ich mich noch ärgern lasse, statt gelassener zu werden. Ich merke auf der Bühne, dass ich mich mehr traue, ernste Themen anzusprechen und Stille und Ratlosigkeit zu zeigen. Ich rede offen in meinem aktuellen Programm »Endlich« über den Tod, die Angst vor dem Sterben, aber auch vor der Angst, dass uns die Enkel mal fragen werden, warum wir so wenig gegen die Erderwärmung getan haben. Und wieso uns die Fernreisen, das ständige Fleischessen und der Konsum so viel wichtiger waren, als halbwegs enkeltauglich zu leben. Und da fällt mir dann auch keine Pointe dazu ein. Muss auch nicht. Gute Fragen sind manchmal viel besser als witzige Antworten.

Hattest du früher, als du noch auf deutschen Kleinkunstbühnen unterwegs warst, auch mal einen richtig miesen Auftritt? Wie hast du dich gefühlt?

Klar, man muss lange schlecht sein, bevor man besser wird. Oder auch nicht. Ich habe viel ausprobiert, das peinlichste war wahrscheinlich eine Phase als ungelernter Pantomime und Straßenzauberkünstler so mit 17, wo ich mit Interrail durch ganz Europa bin und mir warme Mahlzeiten erspielte. Zum Glück gibt es davon nur sehr wenige Videodokumente in japanischen Privatarchiven – also ich hab jedenfalls noch nichts auf *YouTube* gesehen aus der Zeit. Da war ich selber noch grün hinter den Ohren und weiß im Gesicht.

Hast du schon einmal eine positive Erfahrung gemacht, als du eine Schwäche eingestanden hast? Was war da los und wie fühlte es sich an.

Ich traue mich inzwischen zu singen, und das war ein langer Weg. Viele Zuschauer und auch mein Management konnten damit nichts anfangen. Ich wollte das aber, weil es etwas zu tun hat mit »Schwäche«. Erstens wollte ich mal etwas Ironiefreies machen, ein Liebeslied singen, mit eigenem Text. Und auch was Trauriges, Kitschiges, Sentimentales. Und ich wusste, dass ich keine Ausbildung habe, dass ich aber über Musik einen Teil von mir ausdrücke und bei Zuschauern erreiche, der jenseits der Worte und Pointen liegt. Und das fühlt sich immer besser an, je mehr ich mich darauf einlasse. Und ich bekomme gespiegelt, dass es Leute gibt, denen das viel gibt. Aber es gibt auch andere.

**Warum ist es besser, darüber zu reden, wenn man ein
Problem hat, anstatt sich zu verstecken und zu hoffen,
dass es niemand mitkriegt?**

Weil es sowieso alle wissen! Es ist wie bei dem Märchen *Des
Kaisers neue Kleider* – der kindliche, sprich, der unverstellte
Teil von uns, hat sehr feine Antennen, ob jemand sich verstellt
oder nicht. Und es ist unglaublich anstrengend, ständig jemand
anders sein zu wollen, als man ist. Wozu auch: Andere gibt es
doch schon genug!

**Warum, meinst du, sind psychische Erkrankungen immer
noch schambesetzter als die meisten physischen?**

Weil man sie nicht röntgen kann. Und nicht schwarz auf weiß
zeigen kann: Hier ist der Knacks.

Es ist »nur« eine Phase!

Wir durchlaufen in unserem Leben die unterschiedlichsten Phasen. Ich zum Beispiel: Vom Popper (das ist nichts Anrüchiges, liebe Kinder, es bezeichnete in meiner Jugend einen eher modischen, an der Popmusik orientierten Kleidungs-, Frisuren- und Musikhörstil) über die hennarot-gefärbte Doc-Martens-Trägerin mit ausgeprägtem Umweltbewusstsein entwickelte ich mich zum Beispiel bis heute zur immer noch vegetarisch und nachhaltigkeitsorientiert lebenden, blonde Strähnchen, Jeans und Turnschuhe liebenden Normalofrau.

Außer diesen eher an Äußerlichkeiten festzumachenden Entwicklungen gibt es natürlich auch welche, die in unserem Leben Weichen stellen. Wir sind alle nicht gefeit vor schweren Zeiten, Zeiten des Wandels und Umbruchs, die eine Zeit lang auch richtig wehtun können. Das müssen sie aber wohl manchmal, weil wir sonst nichts lernen und uns nicht weiterentwickeln können. Um so in Zukunft besser mit (unangenehmen) Veränderungen umgehen zu können und uns unseres Selbstwerts bewusster zu werden.

So ist man in instabilen Lebensphasen, die Umbrüche einleiten, in aller Regel verletzlicher

Resilienz nennt man in der Psychologie die Fähigkeit, Krisen zu bewältigen und sie durch den Rückgriff auf seelische Ressourcen als Anlass für eine persönliche Weiterentwicklung zu nutzen.

als in stabilen. Wir können nicht mehr wie gewohnt handeln, unsere Halt gebenden Strukturen gibt es so nicht mehr. Eine der Phasen beginnt im Kindergartenalter, jetzt entwickelt sich das Schamgefühl. Das ist einerseits blöd, weil wir nicht mehr immerzu und überall nackig herumspringen können und ständig frische Klamotten brauchen, andererseits ist es gut, weil wir beginnen, eine Vorstellung von unserem Selbst zu entwickeln. Wir merken, wo wir aufhören und der andere anfängt. Unsere Eltern leben uns dabei in aller Regel eine gewisse Körperscham vor. Sollten sie jedenfalls.

Ich erinnere mich an einen Besuch bei einer Schulfreundin, als ich schon auf dem Gymnasium war; ich klingelte und die Mutter öffnete mir nackt die Türe. Ich muss so etwa zehn Jahre alt gewesen sein und schämte mich in Grund und Boden. Zumal Dagmars Mutter mit einem anderen Vater (nackt) zusammen-saß. Ich befürchtete, dass von mir erwartet werden könnte, dass ich mich jetzt auch umgehend auszöge, vielleicht waren Dag-mars Familienmitglieder ja glühende Verehrer einer Nacktkör-perkultur! Ich wollte aber doch sehr gern meine Sachen anbe-halten. Zum Glück schien es Dagmar auch ein wenig zu stören, dass ihre Mutter derart freizügig war, aber lange hielt sie sich damit nicht auf, und wir gingen in den Garten, um zu spielen. Angezogen.

Die nächsten Male bestand ich darauf, dass sie zu uns kam. Ohne ihre nackte Mutter. Bestimmt war ich einfach nur ver-klemmt, aus katholischen, halbschwäbischen und nicht an Nacktheit gewöhnten Gründen.

SCHAM-ALARM

Irgendwann im Kindergartenalter fängt es an, dass wir uns schä-men. Und weil sie uns am nächsten ist, entwickeln wir Körper-scham. Wir wollen uns nicht mehr immer und überall nackig zeigen, gehen alleine aufs Klo und schließen die Tür.

Einmal guckten wir eine Wohnung an. Der Mieter führte uns durch die Räume, als plötzlich seine etwa vierjährige Tochter nur in Unterhose aus ihrem Zimmer gehüpft kam. »Was soll denn das? Zieh dir sofort was an!«, tadelte ihr Vater sie. Es war

ihm sichtlich unangenehm, aber das Mädchen machte keine Anstalten zu tun, wie ihm geheißen war. Nein, stattdessen tanzte es
vor uns herum und fragte uns, wer wir seien. Ich antwortete
freundlich und fragte die Kleine nach ihrem Namen. Aber ihr
Papa wurde richtig sauer und schimpfte: »Du sollst dir dein Kleid
wieder anziehen!« Ich konnte in dem Moment mit der Peinlich-
keit des Mannes wesentlich schlechter umgehen, als mit dem
Mädchen ohne Kleid. Warum ist
ihm das so unangenehm?, fragte
ich mich. Es war ein Kind, sein
kleines Kind, das ganz unbefan-
gen in Unterhose durch die
eigene Wohnung tobte! Würde
mich das auch stören, wenn es
mein Kind wäre? War das eine

Scham ist ein gesundes, normales
Gefühl, sie ist dazu da, andere
(und uns selbst) nicht in Verlegen-
heit zu bringen, sie regelt unser
Sozialverhalten und wird uns
von den Eltern gelehrt.

Situation, für die sich ein Vater wirklich schämen musste? Nach
meinem Empfinden entstand erst durch das Verhalten des Mannes aus dieser völlig normalen, nicht sonderlich beachtenswerten
Situation eine peinliche Atmosphäre.

Wer aber hatte in dem Moment etwas »falsch gemacht«?
Das Kind, weil es in der Unterhose fremde Leute begrüßte, oder
der Vater, der aus der Situation etwas machte, was es in meinen Augen (und in denen meines Partners) nicht war? Wollte er
sein Kind oder sich selbst schützen? Weil er (im ersten Fall) ja
nicht wusste, ob sich pädophile Triebtäter seine Wohnung an-
sahen, oder wir (im zweiten Fall) denken konnten, er vernach-
lässige seine Tochter, weil »man so etwas nicht macht«, oder wir
sie für nicht ordentlich erzogen halten könnten oder so. Ich weiß
es nicht. Interessant fand ich nur meine Reaktion: Auf das fast
nackige Kind reagierte ich zuerst genauso wie auf ein angezo-
genes, nämlich freundlich und zugewandt. Aber auf die offen-
sichtlichen Schamgefühle des Vaters hin begann ich nachzudenken und mich mit der Situation unwohl zu fühlen. Gedanken
rauschten durch mein Gehirn: Planschten Kinder in dem Alter

nicht auch im Park oder Freibadbecken nur in der Badehose, unter vielen anderen Gleichaltrigen und deren Müttern und Vätern? War es nicht albern, wenn winzige Mädchen schon Bikinis trugen? Und wo war die Schamgrenze? Ich habe selbst keine Kinder, stelle es mir aber sehr schwierig vor für Eltern, für ihre Söhne und Töchter die Scham zu übernehmen – denn das müssen sie manchmal, um sie zu schützen.

Und später entgleitet ihnen vielleicht diese Kontrolle. Wenn die Mädchen, inspiriert von irgendwelchen *YouTube*- oder *Instagram*-Stars, Popsternchen oder Schauspielerinnen, anfangen, sich sexy zu kleiden, ohne zu wissen, was sie damit bei manchen Betrachtern auslösen. Haben ihre Eltern darauf keinen Einfluss? Oder warum laufen Fünfzehnjährige in Hotpants umher, die eher die Bezeichnung Stringtanga tragen müssten? Dazu ein bauchfreies, hautenges Top, worunter sich ihre Teenager-Brüste mehr als deutlich abzeichnen? Die Mädchen tun mir leid, sie ordnen dieses »Sexysein« nicht richtig ein und machen sich zum Objekt. Wenn dann Jungs oder erwachsene Männer bei ihrem Anblick zu sabbern beginnen, kann man ja schon froh sein, wenn es dabei bleibt.

Ich komme mir vor wie meine eigene Oma (wobei die damals noch überhaupt keinen Grund gehabt hat, das Folgende zu denken oder zu äußern, weil ich in dem Alter mit labberiger Jeanslatzhose, Ringelpulli und Affenschaukeln rumgerannt bin), wenn ich sage: Vierzehnjährige (oder noch jüngere) Mädchen sollten keine hautengen, knappen Sachen tragen. Vierzehnjährige Jungs auch nicht, aber bei ihnen ist es nicht ganz so schlimm. Auch eine gewisse Tussigkeit reicht später noch, finde ich, also lackierte Nägel, geschminkte Gesichter und High Heels. Was für die Mädchen nämlich ein Spiel ist, macht sie für manche (männliche) Erwachsene zu einem ernsthaften Objekt ihrer Begierde. Deshalb muss ich leider auch noch einmal auf Heidi Klum zurückkommen, die in einem Feature der amerikanischen *ELLE* verlauten ließ, ihre acht- und vierzehnjährigen

Töchter dürften gerne sexy Schuhwerk tragen, so lange sie gut in der Schule seien. Äh, Heidi? Geht's noch? »Die Leute regen sich auf, vor allem in Deutschland, wenn sie sehen, dass meine Töchter High Heels tragen«, sagt Klum im Interview. Für sie ist eins wichtig: »So lange sie gute Kinder sind und gute Noten schreiben, können sie tragen, was sie wollen.«

Man findet im Internet leider reichlich Fotos von ihrer (damals noch jüngeren) Tochter in extrem hohen Schuhen in diversen Situationen in New York City. Der Unsitte, Kinder zu kleinen Sex-Symbolen zu machen, scheint Model-Mutti Heidi jedenfalls nicht viel entgegenzusetzen. Nicht toll. Und ja, man kann nicht einmal immer den Herren der Schöpfung einen Vorwurf machen, wenn sie junge Mädchen anbaggern. Denn die sehen heute tatsächlich manchmal schon mit dreizehn, vierzehn fünf, sechs Jahre älter aus. Ihr erwachsenes Aussehen macht sie verletzlich, was sie selbst aber nicht so wahrnehmen. Verrückte Welt! Da sind Eltern als Schutzschilde gefragt, auch wenn das peinlich sein sollte.

Herr Dr. Zorawski, wie können Eltern ihren Kindern erklären, dass etwas Schamgefühl im Alltag ganz hilfreich ist?
Scham ist eine sehr machtvolle und unangenehme Emotion. Im evolutionspsychologischen Sinne dient sie als Schutz vor gruppenschädigendem Verhalten und einem damit verbundenen Gruppenausschluss. Allerdings kann Scham auch biografisch oder kulturell bedingt sein. Bei einem Aufenthalt in Singapur musste ich darüber schmunzeln, wie laut meine chinesischstämmigen Kollegen ihre Suppe schlürften, da mir andere Tischmanieren beigebracht worden waren. Und in Skandinavien kann man einen anderen Umgang mit Sexualität oder Nacktheit beobachten als im Mittleren Osten.

Stichwort Sexualität: Tatsächlich bergen solch freizügige Muster, wie sie in den Medien vermittelt werden, für junge Mädchen die Gefahr, sexuell ausgenutzt zu werden. Ich würde Eltern empfehlen, den Kindern empathisch und verständnisvoll zu begegnen, sie ernst zu nehmen und ihnen zuzuhören. Dabei sollte man sich vor Augen führen, wie schwer es für junge Mädchen heutzutage wohl sein mag, ein »richtiges Maß« zu finden. Schließlich entdecken sie in einer sexualisierten und mediendominierten Welt ihre Weiblichkeit, und die mutmaßliche Erfüllung freizügiger Schönheitsideale kann über soziale Netzwerke durch Likes und positive Kommentare sozial verstärkt werden.

Auch halte ich es für wichtig, die eigenen Werte plausibel zu erklären und zu betonen, warum man diese vermitteln möchte, zum Beispiel aus Fürsorge, Verantwortungsbewusstsein und zum Schutz der Kinder. Eltern könnten zum Beispiel auf den besonderen Wert von Intimität und ihren Zusammenhang mit körperlichen Reizen hinweisen. Und sie könnten erklären, dass eine inflationäre Zurschaustellung des eigenen Körpers nicht nur dazu führt, dass einem etwas wirklich Besonderes verloren geht, sondern auch, dass man dadurch potenziell gefährliche Signale aussendet und so von einigen Menschen ausgenutzt und von anderen ausgegrenzt werden könnte.

Im Hinblick darauf, dass weibliche Sexualität überall auf der Welt immer noch tabuisiert oder instrumentalisiert wird und dass Scham auch in der Psychotherapie als zentrales Element vieler Problematiken gilt, würde ich vermeiden, zur Wertevermittlung Scham auslösen zu wollen (»Es ist beschämend und billig, wie du rumläufst!«). Vielmehr wäre es hilfreich, Kindern von Anfang an ein möglichst bedingungsfreies Selbstwertkonzept zu vermitteln, damit diese gar nicht erst so anfällig dafür werden, bestimmte Normen erfüllen zu müssen (attraktiv und sexy sein) und sich durch ihr Verhalten (freizügiges Auftreten, Versenden erotischer Selfies) erhöhten Risiken (Missbrauch, Abstempelung) auszusetzen.

Aber Scham kann uns natürlich auch im Weg stehen. Scham bedeutet, dass wir Angst davor haben, dass andere uns und unser Tun negativ beurteilen und uns abwerten. Und weil wir das nicht möchten, passen wir uns an, obschon wir das vielleicht gar nicht möchten. Wer weiß, wie viele der jungen Mädchen auch lieber weitere Kleidung tragen würden, aber aus einem Gruppenzwang heraus handeln. Wenn die Alpha-Mädchen ihrer Clique ihnen vorleben, was angesagt ist, quetschen sie sich eben in die Leopardenhotpants, auch wenn drei Viertel der Arschbacken heraushängen.

Auch hier gilt: Je gesünder der Selbstwert der Mädchen ist, umso weniger machen sie etwas, nur um zu gefallen und mit ihrer Clique gut klarzukommen.

Herr Dr. Zorawski, kann man »Schamresilienz« – also die Fähigkeit, sich (für) weniger zu schämen – auch alleine im Alltag trainieren?

Ja. Was in einer (kognitiv-orientierten) Therapie sicherlich systematischer, ausgeprägter und geleitet stattfinden würde, kann man in einem bestimmten Rahmen auch im Alltag anwenden und trainieren. Dabei ist es allerdings sehr wichtig, sich darüber im Klaren zu sein, was man übt, nämlich nicht das reine Aushalten unangenehm erlebter Situationen, sondern vielmehr ein konstruktives Denken im Hinblick auf die Situation. Etwa, dass es nicht sinnvoll ist, sich aufgrund von Kritik oder Ablehnung zu schämen und selbst niederzumachen.

Wer zum Beispiel besonders harmoniebedürftig ist und regelmäßig unter vermuteten Bewertungen anderer leidet, könnte beim Supermarkteinkauf einmal absichtlich langsam bezahlen und die Sachen einpacken, ohne sich dabei zu entschuldigen, zu beschwichtigen oder charmant zu lächeln. Dabei führt man sich vor Augen, dass es letztendlich nicht relevant ist, was der Hintermann nun von einem hält, und dass es vor allem nicht sinnvoll wäre, sich für dessen vermutete Bewertung zu schämen. Die entsprechenden Gedanken gilt es zuvor gut vorzubereiten, um sie irgendwann auch unter Stress parat zu haben. Es geht dabei nicht darum, die eigenen moralischen Normen zu verändern und sich künftig egoistischer zu verhalten. Wenn Sie also gerade nicht üben, sollten Sie sich so verhalten, wie Sie es im Rahmen Ihrer Normen und Werte für richtig halten. Solche Übungen sollte man auch nicht unvorbereitet und ohne therapeutische Begleitung durchführen, wenn bereits ein ausgeprägtes emotionales Problem und eine entsprechende Symptomatik vorliegen.

PHASE 12

Und ich kam in die Pubertät. Da läuft plötzlich alles durcheinander: Jungen werden lächerlich, weil sie dauernd ungewollt kieksen, ständig gegen Möbel, Türstöcke, Autos etc. laufen und ihre Drüsen im Gesicht mitunter Talg produzieren, als wollten sie die Meisenknödelherstellung für die nächsten Jahrhunderte sichern. Testosteron macht's möglich. Bei mir als Mädchen zeigte sich meine Verwirrtheit einmal, als ich mit der Cousine eines befreundeten Nachbarjungen im Freibad war. Ich war etwa vierzehn, die Nichte sechs, und beim Umziehen in der (Frauen-)Sammelumkleide fasste mir das Kind überrascht an den Oberkörper und wies mich darauf hin, dass da Brüste heranwuchsen. Nun, das war mir nicht neu gewesen, und ob ich mich darüber freuen sollte, hatte ich mit mir noch nicht ausgemacht. »Jaja«, murmelte ich nur und sah zu, dass ich in meinen Badeanzug kam. Ich wusste doch selbst noch nicht, was diese Busensache sollte, da wollte ich nicht von anderen auch noch pointiert darauf hingewiesen werden.

Eine Freundin erzählte mir von ihrem Sohn, der im Alter von etwa drei Jahren gerade die unterschiedlichen Geschlechter entdeckt hatte und davon so fasziniert war, dass er, egal wo, lautstark seine Beobachtungen verkünden musste. So rief er an der Ampel, begeistert auf einen Herrn zeigend, aus: »Das ist ein Mann! Der hat einen Penis!«

Obschon ich davon überzeugt bin, dass er den Herrschaften damit keine neuen Erkenntnisse präsentierte, glaube ich, dass sie seine Begeisterung in dem Moment nicht teilten.

oder, wenn an der Supermarktkasse eine Kassiererin saß: »Das ist eine Frau! Die hat eine Scheide!«

Wie wird das erst, wenn er mal dreizehn, vierzehn ist?

Ich selbst fand meine Pubertät seltsam. In erster Linie war es fragwürdig und eigentümlich, wieso da plötzlich etwas wachsen musste, wo vorher nichts war. Ich hatte mich doch wohlgefühlt, so wie es war! Brüste waren etwas für Frauen, wenn überhaupt, und ich wollte damit nichts zu tun haben. Weiter auf Bäume klettern, Rollschuhfahren und mit den Jungs Fußi spielen, so war mein Plan. Nur ins Tor wollte ich nicht, aber das hatte ich noch nie favorisiert. Beim Fußball störten diese Auswüchse, sie führten ein Eigenleben, wenn ich rannte, und ich schämte mich. Meine Versuche, die Schultern schützend nach vorne zu ziehen, führten zu ständigen »Steh-gerade«-Befehlen meiner Altvorderen.

Falls es noch nicht so rübergekommen ist: Ich fand es unnötig und doof, dass es auch bei mir zu körperlichen Veränderungen kommen musste. Einen schönen Vollbart (im Gesicht) hätte ich mir ja noch gefallen lassen, aber das mit den Möpsen, nun ja. Ich schämte mich. Mein Bruder hatte ja auch keine Brüste, der war normal, und ich beneidete ihn darum. Eines Tages hatte ich mal wieder einen wichtigen Termin auf der anderen Seite unseres Hofes und rannte los, um diesen rechtzeitig wahrnehmen zu können. Am Ziel angekommen, musterte mich ein Nachbar im Alter meines Vaters wohlwollend und ließ mich mit einem schmierigen Lächeln wissen: »Du bist aber schon ganz schön gut entwickelt!«

Wenn man das zu einer ehemaligen Raupe sagt – bitte, gern. Zu einer Stadt, mit der sich gerade mehrere Stadtplaner auseinandergesetzt haben – geschenkt. Aber ein pubertierendes Mädchen auf seine – ja – beim Rennen wippenden Brüste aufmerksam zu machen, das ist übergriffig. Oder? Ich schämte mich zu Tode, denn ich war einfach sehr verletzlich, was meinen Körper anging, wie es wohl die meisten – vor allem weiblichen – jungen Menschen in der Pubertät sind.

Und das alles bringt einen furchtbar durcheinander. Wir wollen längst nicht mehr gleichzeitig mit Mama und Papa im Badezimmer sein, sind über unseren Körper extrem leicht zu kränken und zweifeln an uns und unserem Aussehen. Und nicht nur das: Wir suchen mit unseren Eltern und Freundinnen Auseinandersetzungen, um uns selbst unsere Position klarzumachen und uns abzugrenzen.

Erziehungsspezialist Jan-Uwe Rogge rät beim Umgang mit Pubertieren: Mut zu Fehlern und Humor, Rituale pflegen, die Verlässlichkeit und Orientierung bieten, Grenzen setzen, die Halt und Raum für Auseinandersetzung geben, und sich selbst emotional abgrenzen!

Beide Geschlechter sind in dieser Zeit, die sich über mehrere Jahre erstreckt (Experten sprechen von einem Zeitraum zwischen 11 und 29 Jahren; Geduld, liebe Eltern!) oft scheinbar grundlos gereizt, dann wieder äußerst euphorisch, um gleich darauf anzufangen, bitterlich zu weinen. Eltern sind meistens ungerecht und/oder peinlich, und der Teenager schwankt zwischen extremer Dünnhäutigkeit und grandiosem Narzissmus. Alles ist durcheinander, und wir nehmen uns ein Beispiel an anderen Mädchen oder älteren Jungs, die schon weiter sind, bewundern die und wollen auch so sein.

Als ich mit 16 meinen ersten Freund hatte, der drei Jahre älter war als ich, wollte er mich eines Tages, beziehungsweise eines nachts, küssen. Hallo? Was fiel dem denn ein? Mir war bis dato nicht bewusst gewesen, dass die Zunge einen nicht unerheblichen Teil zum Küssvorgang beiträgt – jedenfalls beim Liebespaar, ich weiß nicht, wie das unter Regierungschefs ist.

Es ging also darum, dieses Unterfangen anzufangen. Ich mochte meinen Freund, war verliebt und wollte ihn auch gerne küssen, aber was die Zunge dabei zu suchen hatte, wusste ich nicht. Vielleicht hatte ich davon gehört, musste aber bisher diese – wie mir schien, Unsitte – nicht selbst ausüben. Man musste ja auch nicht jeden Scheiß mitmachen. Mein Freund war

lieb und verständnisvoll, er drängte mich zu nichts, aber ich war schon neugierig und wollte wissen, ob es irgendwann aufhören würde, eklig und anstrengend zu sein. So saßen wir also in der Diskothek in einem Strandkorb und übten Küssen mit eher weniger als mehr Vergnügen –
zumindest von meiner Seite.

Als ich mich einen Moment ausklinkte, um die Bequemlichkeit (= sanitäre Anlagen) aufzusuchen, traf ich dort auf meine

Unsere Sexualität begrüßt uns mit seltsamen Gefühlen und Gedanken, und wir müssen erst lernen, wie wir damit umgehen sollen.

Klassenkameradin Svenja, eine bildhübsche Frau. Sie schminkte sich bereits und hatte auch einen richtig erwachsenen Freund, der sogar DJ war. Wir bewunderten sie alle. Ich erzählte ihr missmutig, dass ich mit meinem Freund Küssen übte und dass es mir herzlich wenig Freude machte und ich es bevorzugen würde, verrückt zu tanzen oder Tischfußball zu spielen. Da sah sie mir ernst in die Augen und sagte: »Irgendwann wird dir das sehr gut gefallen.« Es war gut, das von einer reiferen Frau gesagt zu bekommen, schließlich brauchte ich mal wieder jemanden, der mir den Weg wies. Genauso, wie ab und zu noch eine Kuschelstunde mit meiner Mutter (ohne Zunge), bei der ich wieder ganz das kleine Mädchen war. Von der ich aber keinesfalls aus der Disco abgeholt werden wollte. Ich hörte also Svenjas optimistische Worte, konnte es mir allerdings beim besten Willen nicht vorstellen. Aber, was soll ich sagen: Sie hat recht behalten, und das Küssen war in Zukunft kein Problem mehr.

WO IST HIER DER FAHRPLAN?

Und dann irgendwann ist es so weit: School's out forever! Grenzenlose Freiheit! Endlich. Aber, das muss nicht nur schön sein. Wer nicht weiß, wie es weitergehen soll, kann sich in diesen Zeiten des Umbruchs unsicher und dünnhäutig zeigen.

Zunächst ist man froh über die gewonnene Freiheit. Die Welt liegt einem zu Füßen! Jetzt kann man alles machen! Ich wollte schon immer mal ein Jahr Pause machen und rumhängen – als Bedienung verdient man ja echt gut, und solange ich noch daheim wohne, geht das alles, oder auch vielleicht einfach mal weg! Yeah! Richtig weit! Australien! Neuseeland! Fidjis! Aber alleine…? Und, äh, wie lange? Und was mache ich danach? Und was mache ich, wenn ich »weg« bin? Nur weg sein oder wie? Vielleicht fahre ich doch nur mit Freunden an die Ostsee, erst mal. Nach Australien kann ich dann immer noch. Vielleicht.

Sich sortieren zu müssen, seinen Weg und seine Leute finden zu müssen, das kann einen auch ganz schön dünnhäutig und verletzlich machen.

Wie schnell merkt man, dass einem die Struktur von Stundenplan, Unterricht und Ferien, Klassenwechsel und Notenvergabe auch helfen konnte, sich im Alltag sicher zu fühlen!

Manche junge Menschen schaffen sich schnell wieder Strukturen, indem sie ein Freiwilliges Soziales Jahr machen oder am Fließband jobben, um sich das Geld für Australien zusammenzusparen, oder eine Ausbildung in einem Handwerksbetrieb anfangen. Ich habe nach der Schule erst einmal im Krankenhaus als Pflegehelferin gearbeitet, im Schichtdienst, und es hat mir gutgetan, ich hatte feste Arbeitszeiten, lernte fürs Leben und machte etwas Sinnvolles mit meiner Zeit und für andere Menschen.

Später an der Uni, als ich mir meinen Stundenplan selbst zusammenstellen musste, kam ich mir etwas verloren und verunsichert vor. Erst wollte ich am liebsten jede Vorlesung und jedes Seminar besuchen, weil ich ALLES interessant fand, und musste dann leider feststellen: Auch in Hamburg hat die Woche nur sieben Tage, und man muss auch mal was essen. Aber es war alles so aufregend und neu und groß und überwältigend, und U-Bahn war ich bis dahin nur mal in Paris gefahren!

Schnell hatte ich mich vor meinem Umzug nach Hamburg noch in meiner Heimatstadt verliebt, bestimmt auch deshalb, weil ein Teil in mir mich in vertrauten Gefilden halten wollte. Aber es war abgemacht: Nicht nur mit meiner Freundin Kim, mit der ich immerhin ein Stück Vertrautheit mit in den hohen Norden nehmen konnte, sondern auch mit mir, die ich mich beim Vorsprechen an der Schauspielschule in Hamburg in diese wunderschöne Stadt verliebt hatte.

Aber sie war eben auch riesig, eine Weltstadt, kein Vergleich mit Stuttgart oder gar Reutlingen, verzeiht, liebe Schwaben. Und dass man sich da anfangs etwas verloren vorkommt, ist wohl nicht ungewöhnlich. Immerhin wusste ich, wie es mit mir weitergehen sollte. Ich begann, Philosophie zu studieren, weil mir das in der Schule als sogenanntes »Orchideenfach« schon so viel Spaß gemacht hatte, hatte also einen inneren Leitfaden oder Plan, wie ich noch etwas über das Leben und die Menschen und den Sinn und überhaupt lernen konnte.

Aber manch andere jungen Leute machen ihren Schulabschluss und haben nicht den

»42« – Falls jemand nach der Antwort auf das Leben, das Universum und den ganzen Rest sucht. (aus: Per Anhalter durch die Galaxis *von Douglas Adams)*

Deut einer Ahnung, was sie einmal werden wollen. Oder was sie bis dahin, wenn sie was sind, machen wollen. Und dann hängen sie in der Luft, müssen morgens nicht früh aufstehen, weil sie nicht in die Schule müssen, und reden sich ein, dass sie das genießen. Aber irgendwann merken sie, dass Party machen und ausschlafen sie nicht ausfüllt, und sie werden neidisch, weil ihre Freunde schon studieren oder eine Ausbildung machen oder eine Weltreise, in eine andere Stadt gezogen sind und da arbeiten und sich selbstständig machen, und sie selbst wissen einfach nicht, wohin mit sich. Ein geregelter Tagesablauf fehlt ihnen, es fehlt ihnen jemand, der ihnen sagt, jetzt kommt dies und dann kommt jenes. Sie kennen sich selbst nicht, haben keine eigenen

Interessen entwickelt und haben nur eine vage Vorstellung von ihren Bedürfnissen.

Herr Dr. Zorawski, warum ist der Mensch mit zu viel Freiheit manchmal überfordert? Warum brauchen wir Struktur?

Natürlich ist es erst mal sehr angenehm, viel Freiheit zu haben, keine Vorgaben und Verpflichtungen. Und solange dies in einem bestimmten zeitlichen Rahmen stattfindet, wie am Wochenende oder im Urlaub, ist dies auch unproblematisch. Dauerhaft wäre es jedoch nicht in unserem Sinne.

Wir brauchen Ziele in unserem Leben. Denn woher soll ich wissen, ob ich an der nächsten »Weggabelung rechts oder links abbiegen« soll, wenn ich nicht weiß, wo ich hinmöchte? Um diese Ziele zu verfolgen und unsere angestrebte Lebensweise umzusetzen, brauchen wir Struktur sowohl langfristig als auch kurzfristig im Alltag. Dazu passt, dass die Herstellung von Tagesstruktur und die Planung und Durchführung konkreter Aktivitäten oft auch in der Behandlung einer Depression den ersten therapeutischen Schritt darstellt. Den Tag oder die Woche zu planen und diesen Plan auch umzusetzen ist nicht nur ein gutes Mittel, aus einem emotionalen Loch wieder herauszukommen, sondern auch wichtig, um gar nicht erst hineinzufallen.

ICH UND ER UND ES

Zeiten des Umbruchs machen verletzlich. Wenn man jemanden neu kennenlernt, sich beschnuppert hat und schließlich merkt, er oder sie ist die/der Richtige, fängt es doch schnell an mit Gedanken wie: Hoffentlich mag er/sie mich noch, wenn er/sie merkt, dass mein Niesen sehr laut ist

Puh, denken wir, das war's jetzt aber erst einmal mit Phasen. Mehr brauchen wir gar nicht. Hoffentlich wird's endlich ruhiger!

und ich einen Hammerzeh habe. Wie vertragen wir uns wohl im Urlaub? Iiih, er/sie isst ja Fleisch! Willichdasüberhauptgehtmir dasnichtzuschnellfindeichwasererzähltwirklichspannendoderbin ichnurverliebtundbinichüberhauptgenugverliebt?

Diese und andere Fragen stellen wir uns, und wir merken, dass es zwar sehr wunderbar ist, was wir da erleben, aber dass wir gleichzeitig auch ganz schön Angst davor haben, was da passiert. Denn ein neuer Mensch im Leben kann alles auf den Kopf stellen. Plötzlich habe ich weniger Zeit für meine Freundinnen, gehe lieber mit ihm zum Badminton als mit den Mädels zum Tanzen und fange an, ganz andere Musik zu hören.

Und wenn dann alles wunderbar läuft mit der Person, wenn sich beide über Jahre hinweg beteuern, dass sie sich lieben und das auch spüren und gelassener werden, dann kann schon die nächste verletzliche Phase kommen: Juhu, wir gründen eine Familie! Und gleichzeitig: Achduliebezeit, jetzt bin ich nicht mehr nur für mich verantwortlich, sondern auch noch für dieses kleine wunderbare Wesen! Wenn das Kind krank ist, sich nicht »normal« entwickelt – Kinder machen verletzlich, sobald sie auf der Welt sind und sofern man nicht zu den sehr autonomen Elterntypen gehört (die gibt es ja auch). Man hört viel von der Schwangerschaft mit ihren Hormonausschlägen, und dass Frauen in der Zeit plötzlich keine Tierdokus mehr gucken können, ohne weinen zu müssen, um sich dann auch wieder plötzlich sehr zu freuen.

Und dann ist das Kind da und die Angst und Sorge und eine riesige Verunsicherung. Bin ich eine gute Mutter, bin ich ein toller Vater, warum kuschelt sie nur noch mit dem Kind und nicht mehr mit mir, findet er mich jetzt überhaupt noch begehrenswert, wo er doch bei der Geburt dabei war und mein Körper sich verändert hat? Alles dreht sich nur noch ums Kind, ich will aber auch mal wieder auf den Kiez mit meinen Freundinnen und Caipi trinken; ich will aber auch mal wieder auf den Kiez mit meinen Freunden und Bier trinken, warum hat die Kleine so

Experten sagen: Was am Ende am besten hilft, ist immer wieder Liebe und sich eingestehen, wenn man Hilfe braucht. Alles mit möglichst buddhistischer Gelassenheit nehmen, wie es kommt, und möglichst jede Sekunde mit dem Kind genießen. Oder es auch mal an die Oma abgeben.

einen komischen Ausschlag, warum geht nicht er auch mal mit ihr zum Kinderarzt?

Unendlich viele Wünsche, Fragen, Unsicherheiten prasseln in diesen Umbruch- und schon wieder Entwicklungszeiten auf einen ein, und das Hineinfinden in die Elternrolle geht manchmal ganz leicht und manchmal eben nicht. Und man kann sich trotz massenweise Ratgebern, Geburtsvorbereitungs-, Still- und Tragekursen nicht richtig darauf vorbereiten, weil der menschliche Faktor eben immer ein unberechenbarer ist. Und ein Baby leider nicht reden kann.

PLÖTZLICH AN DER KANTE

Aber dann gibt es auch noch andere Umbruchphasen im Leben, die uns beuteln und dünnhäutig und ängstlich machen können. Da macht vielleicht unsere Firma Pleite, wir stehen auf der Straße und fragen uns: Und nun? Wir haben Schuldgefühle: Was, wenn wir nicht gut genug und genügend gearbeitet haben? Andererseits fühlen wir uns wie frisch nach der Schule, rein theoretisch können wir jetzt alles machen, die Welt liegt uns zu Füßen, aber wir trauen uns nicht, auch nur einen Schritt zu gehen. Wohin denn? Was wird die Zukunft bringen? Wie ernähre ich meine Familie? Kann ich meinen Lebensstandard halten? Mit *Chloé*-Handtasche und so? Auch dieses Mal geht es darum, den Selbstwert nicht von außen abhängig zu machen.

Wenn ich irgendwo anders neu anfange, bin ich ja der Neue! Bekomme ich das hin? Hoffentlich ist da ein nettes Team! Verdiene ich genug? Bin ich zu alt? Will mich überhaupt noch jemand? Was wird mit meiner Rente? Wir fühlen uns dünnhäutig und klein. Die Arbeitslosigkeit nagt am Selbstwertgefühl, wir fühlen uns nicht mehr gebraucht und unnütz, verstehen die Welt nicht mehr und vergleichen uns mit anderen, die einen prima Job haben, und beneiden sie. Aber es ergibt keinen Sinn, wenn wir uns mit anderen vergleichen, denen es besser geht.

Dann sollte es wohl heißen: Ich habe keine Arbeit mehr, aber ich weiß, wer ich bin und wie ich bin, und das ist genau richtig so! Vielleicht bekomme ich eine Abfindung, die es mir erlaubt, ein Sabbatical einzulegen? Oder ich schaue mich um und finde etwas, das mich noch mehr erfüllt als mein letzter Job. Hauptsache ist, dass ich mich nicht dafür schäme, sondern offen damit umgehe. Es muss einem überhaupt nicht peinlich oder unangenehm sein, wenn man arbeitslos ist. Man kann etwas Neues finden, vor allem, wenn man darüber redet. Viele Jobs ergeben sich im Freundes- und Bekanntenkreis. Und offen damit umzugehen ist auch hier wieder ein Gewinn, weil es belohnt wird. Alleine schon deshalb, weil es viel einfacher ist, zu sich zu stehen, als sich und seine Arbeitslosigkeit zu verstecken, und weil man sich mit der Situation besser auseinandersetzen und Hilfe suchen und annehmen kann.

Erst wenn man offen darüber spricht, lässt man überhaupt die Möglichkeit entstehen, dass etwas Neues in unser Leben tritt. Wir öffnen uns, und eine Tür kann aufgehen.

Ich kenne dieses Problem in abgewandelter Form, ich war immer selbstständig. Wenn mein Kalender mal nicht so toll aussah, mein Programm nicht so gut gebucht war, kamen schnell Existenzängste auf. Die Scham, damit offen umzugehen, überwog dann meist. Weil ich dachte: Wenn Veranstalter mitkriegen, dass es bei mir nicht so läuft, wird es vielleicht noch schlimmer, dann bucht mich bald gar keiner mehr, und ich muss mir doch noch einen richtigen Job suchen ... Wenn ich darüber mit Kollegen oder anderen Selbstständigen geredet habe, merkte ich, dass ich damit überhaupt nicht alleine war, und das tat gut. Im Gegenteil, diese Befürchtungen kannten viele meiner Kollegen, und sie hatten dann oft noch Tipps für bessere Eigenwerbung oder weitere Auftrittsmöglichkeiten.

Und wenn dann, während der Arbeitslosigkeit, der Partner oder die Partnerin nicht mehr mit einem klarkommt, weil man nur noch jammert und unzufrieden ist, und man selbst sich nicht mehr leiden kann, dann lässt man sich vielleicht scheiden.

Dann ist man allein und stellt fest: Es gibt noch viel mehr schlimme Phasen, ich hatte ja schon gedacht, jetzt wäre es mit Phasen erst einmal vorbei, aber Pustekuchen!

Und man stellt fest: Jetzt bin ich alleine, schon so alt und ohne Partner, mich will doch niemand mehr, ich aber will nicht alleine sein, ich hasse es und bin unglücklich und deprimiert, und das macht mich besonders verletzlich.

Wenn mehrere Phasen zusammenkommen, geht es einem richtig schlecht. Und wenn es einem nicht gut geht, hat man wenig Kraft, sich zu wehren, ist kränkbarer und dünnhäutiger. Jetzt ist es besonders wertvoll, mit seinen Freunden zu reden, sich auszutauschen und zu merken: Es gibt da noch andere Menschen, ich bin nicht allein. Und wenn ich Single bin, kann ich auch lernen, Zeit mit mir zu genießen.

Das ist gewiss nicht einfach, aber es werden andere Türen aufgehen, neue Menschen ins Leben treten, alte Kontakte wieder aufleben, Interessen geweckt – wer alleine ist, muss noch lange nicht einsam sein. Und vielleicht hat man Glück: Bei der neuen Arbeit, die einem richtig viel Spaß macht, lernt man jemanden kennen, man verliebt sich, ist wahnsinnig glücklich, mit der Arbeit und dem neuen Menschen an seiner Seite, und man lebt wieder fröhlich vor sich hin.

PHASE 50

In ähnlich turbulentem Maße wie einst die Pubertät können einen Jahrzehnte später die Wechseljahre überfallen (meist weibliche Menschen), in denen frau urplötzlich schweißdurchnässt ist, auch wenn sie sich gerade erst nach dem Duschen abgetrocknet hat, vor der Schulklasse, an der Supermarktkasse, im Bus, bei der Abschiedsparty einer Kollegin etc. steht oder sitzt. In denen sie überhaupt nicht mehr schlafen kann (ein- und/oder durch-), von einem Stück Schokolade so zunimmt, dass sie auch gleich die ganze Tafel hätte essen können, und sie von jetzt auf gleich anfängt zu heulen und sie

Wechseljahre heißen nicht umsonst »die zweite Pubertät«. Hormonveränderungen machen ein völlig instabiles Nervenkostüm möglich.

glaubt, dass ihr Leben verpfuscht ist, weil ihre Kinder zeitgleich pubertieren und alles so anstrengend ist, dass es insgesamt besser hätte laufen können, dass sie den falschen Mann hat, den falschen Beruf, das falsche Leben.

Männer können auch unter einem ab circa 40 Lebensjahren sinkenden Testosteronspiegel leiden, aber die kaufen sich dann einfach ein neues Auto, verlieben sich in die fünfzehn Jahre jüngere Sekretärin, und dann ist alles wieder gut.

Nicht so bei uns: Mit dem nahenden Verlust der Gebärfähigkeit kommen krude Gedanken mancher Frau ans Licht. Bin ich überhaupt noch eine Frau? Will mich überhaupt noch einer? Aus evolutionsbiologischer Sicht habe ich ja meinen Dienst getan (oder, als Kinderlose, nicht getan und werde dafür jetzt erst recht bestraft), es gibt also keinen vernünftigen Grund, warum ich nicht schon längst tot bin. Wäre auch besser für meinen CO_2-Fußabdruck. Die Männer in meinem Alter interessieren sich sowieso nur für mindestens fünfzehn Jahre jüngere Frauen und können ihr Sperma auch noch bis ins hohe Alter unters Volk bringen (im übertragenen Sinn, eigentlich ja ausschließlich unter das weibliche) – also, was will ich hier noch, mich braucht ja niemand mehr, außer den Nachbarn vielleicht zum Blumengießen, wenn sie im Urlaub sind. Mit ihren drei Kindern. Auf den Balearen.

Viele Frauen werden wegen solcher Gedanken, und weil ihre stetig schrumpfenden Weiblichkeitshormone neben den ebenso stetig wachsenden Fettpolstern das ihre dazu beitragen, in den Wechseljahren verletzlich. Sie fühlen sich mit sich nicht wohl und nehmen alles persönlich, wenn sie das Gefühl haben, es geht ihrem Freundes- und Bekanntenkreis mit ihnen genauso.

Gut ist, wenn sie sich in der Zeit mit anderen Wechseljahrsgeplagten austauschen und sogar einmal darüber lachen können. Darüber, dass sich der Körper verändert, dass man eine Praline nur noch angucken muss, damit die sich sofort an Stellen legt, wo man wirklich nicht damit gerechnet hat. Alles wird schlapp, nicht nur wir Frauen, unser Bindegewebe »bindet« einen Scheiß, es müsste richtig »Schwabbelgewebe« heißen. Mit unseren Brüsten, die, wenn wir mit welchen gesegnet sind, plötzlich uns-exy-monstergroß werden, können wir uns – wie praktisch – im Winter Wege durch den Schnee bahnen, weil sie immer irgendwo da unten herumhängen. Und dann haben wir noch die Diskussion am Hals von wegen »Hormone nehmen oder nicht«. Mal entdeckt eine Studie wahnsinnig viele protektive Faktoren der Hormonersatztherapie, die Wechseljahrsfrauen das Leben viel leichter machen soll. Eine andere bestätigt gleichzeitig das Risiko, an mannigfachen Tumoren zu erkranken. Dann scheint man kurz davor, das Zeitliche zu segnen, nur weil man gewagt hat, an einer Yamswurzel zu kauen, um wenigstens mal eine Nacht durchzuschlafen.

Es ist wie mit dem viel besungenen Rotwein: »Jeden Tag ein Gläschen schützt das Herz« wechselt sich in schöner Reihenfolge

Hallo? Wieso habe ich am Rücken jetzt Wülste? Kriege ich die, damit ich auch auf Futons weich liege, oder welchen blöden Grund kann das haben?

mit: »Auf keinen Fall irgendeinen Alkohol!« über die Jahre ab, je nachdem, wer gerade Studien dazu in Auftrag gibt – die Winzergenossenschaften oder die Krankenkassen.

In dieser Zeit sind die Kinder oft auch schon ausgezogen, was einen auch nicht gerade unentbehrlich macht, und wenn man sich dann keinen Hund zulegen kann (wegen der Tierhaarallergie) oder nicht mit Seiden-, wahlweise Hinterglas-, wahlweise überhaupt einer Malerei anfangen möchte (wegen des schlechten räumlichen Sehens), kann man eigentlich nur noch Binge-Shopping betreiben. Wenn das aber das Konto nicht zulässt, dann gnade einem Gott …

Wichtig: Sprich über deine Befindlichkeiten, hole dir Hilfe bei deinem Frauenarzt oder einer Therapeutin, erkläre dich deinem Partner, und überfordere dich nicht, weil du dir nicht eingestehen willst, dass du vielleicht nicht mehr ganz so leistungsfähig bist wie früher.

ALTER! WAS GEHT?

Und dann muss man plötzlich in Rente. Und man weiß nicht, wie es jetzt weitergehen soll, man hat doch so gern gearbeitet, und der vorbestimmte Tagesablauf hat einem doch Halt und Sicherheit gegeben, und plötzlich fällt das weg.

Man könnte natürlich einen Schrebergarten haben, aber im Herbst und Winter ist es zu kalt für den Schrebergarten! Jetzt werden schon wieder Erinnerungen wach an die Zeit nach der Schule, als man nicht so recht wusste, was man als Nächstes machen sollte, und man weiß noch genau, wie haltlos man sich da gefühlt hat. Man fürchtet sich vor seiner Freizeit, weiß, das ist jetzt so ziemlich die letzte Phase. Wie viele Phasen sollen denn da noch kommen?

Und man mag diese Phase nicht, weil man immer gehofft hat, dass es noch lange dauert, bis man in dieser Phase angelangt ist, und so richtige Pläne hat man keine gemacht, und man befürchtet, dass jetzt alles schnell zu Ende geht, und das macht einen alles sehr verletzlich. Man kommt sich mal wieder ungebraucht vor, ohne (Stunden-) Plan und Aufgabe. Viele Firmen bieten vor dem Renteneintritt Vorträge und Seminare für die Zeit nach dem Berufsleben an. Und auch hier ist es wieder gewinnbringend, sich mit anderen auszutauschen, die auch in Rente sind oder es bald sein werden. Es gibt viele Vereine, in denen sich Menschen im Ruhestand ehrenamtlich engagieren, Wandergruppen, die sich zusammenschließen, Reisen für Senioren und, und, und...

In einer der Langlebigkeitszonen der Erde, Okinawa, kennt man gar kein Wort für Ruhestand. Hier leben die Alten wie die Jungen, jeder nach seinen Möglichkeiten, jeder hat seine Aufgabe. Das fände ich auch für uns toll!

Für sich selbst ist es wunderbar, sich ein guter Freund zu sein, all das zu machen, wofür früher keine Zeit war: Verwandte besuchen, mit der Familie treffen, reisen, den Hobbys nachgehen, es sich gut gehen lassen und das Leben genießen!
Warum muss man sich schlecht fühlen, wenn man älter ist? Wieso muss man ab einem bestimmten Alter froh sein, wenn man noch einen Partner abkriegt? Warum ist das Alter also oft genug Grund dafür, sich zu schämen? Strebt nicht jeder an, alt zu werden? Also, warum soll es dann niemand sein dürfen?

Ganze Comedy-Programme gibt es, die sich darum drehen, dass Eltern zu alt (und damit zu doof) sind, um mit den »neuen Medien« zurechtzukommen. Dass die Leute, die die Apps und Portale erfunden haben, meist wesentlich älter sind als diejenigen, die sie heute benutzen, weiß kaum jemand. So waren Jan Koum und Brian Acton, die Erfinder von *WhatsApp*, 33 und 35 Jahre alt (für Teenager also 142 und 146), als sie den Chat-Dienst erfanden, und die Gründer von *Instagram* immerhin 27 (Kevin Systrom) und 24 (Mike Krieger) Jahre alt. Sie könnten also alle heutzutage gut Väter von den Nutzern sein. Naja, nicht ganz, aber immerhin sind es keine Teenager, die die Apps und Programme entwickeln, die dann hauptsächlich zehn oder mehr Jahre Jüngere benutzen. Was ich damit sagen will: Die Bedürfnisse der Generationen liegen manchmal gar nicht so weit auseinander, jedenfalls nicht so weit, dass man sich gegenseitig wegen seines Alters in die Pfanne hauen sollte.

Auch nicht, wenn man noch älter ist. Senioren, also Menschen, die schon ein paar Jährchen auf dem Buckel haben, werden oft als etwas langsam oder uninteressant bezeichnet. Viele klagen selbst, dass sie in der Öffentlichkeit gar nicht mehr wahrgenommen werden, und das, obschon sie sich ja meistens in auffälligen, hellen Beigetönen kleiden!

Im Ernst: Das will mir nicht in den Kopf! Schließlich sind wir alle eines Tages alt, wenn es gut läuft. Das ist doch nichts, worüber man sich lustig machen muss! Oder ausblenden!

Unsere Angewohnheit, alte Menschen in Heime zu stecken, wo sie auf den Tod warten müssen, ist so grotesk. Wer bestimmt denn, ab welchem Alter wir zu alt sind für unsere Gesellschaft und in ein Heim gehören? Wie können wir jemanden aufgrund seines natürlichen Alterungsprozesses diskriminieren, der uns auch selbst einmal einholen wird.

Alt sein heißt deshalb, besonders verletzlich zu sein, denn man wird als nicht mehr leistungsfähig und so nicht mehr attraktiv für die Gesellschaft wahrgenommen.

Und wer bestimmt denn, wer attraktiv ist für unsere Gesellschaft? Klapperdürre Influencer, die anderen klapperdürren Influencern Duschgel, Lidschatten und Turnschuhe andrehen? Sind die attraktiver als Senioren, die auf ihre Enkel aufpassen, Gärten schön machen, wichtige Bücher schreiben oder einfach nur ihr Leben nach der ganzen Arbeiterei und/oder der Erziehung ihrer Kinder genießen? Wie viele Rentner engagieren sich ehrenamtlich in Vereinen und anderen Organisationen, übernehmen in der Nachbarschaft Jobs, die kein anderer machen möchte, oder spielen die Ersatzoma für gestresste Großstadtfamilien! Persönliche Lebenswege bereichern doch unser Leben, wir brauchen gar keine Romane zu lesen, wir müssen uns einfach mit unseren alten Leuten unterhalten, wenn wir ihnen begegnen, ob ohne oder mit Rollator!

Irgendwann jedenfalls hat man sich damit abgefunden, dass man nun alt ist, und die schlimme verletzliche Phase ist erst mal vorbei. Man genießt sein Rentnerdasein, ist vielleicht auch Opa und Oma, und dann stirbt der Ehepartner, und man fühlt sich furchtbar allein und ist traurig und verzweifelt und ganz schön verletzlich. Und alt ist man, man hat ein paar Gebrechen entwickelt, und die findet man doof, und man ist nicht mehr so leistungsfähig wie früher und nicht mehr so gelenkig, obschon man Yoga macht. Das war's dann wohl.

Und dann fängt man sich wieder und hat Spaß mit den Enkeln oder ohne, ist in irgendwelchen Vereinen aktiv oder liest gerne und singt im Chor und lernt einen freundlichen älteren Herrn kennen oder eine lustige Dame, und es ist wieder alles ganz schön, und man spielt mit seinen Nachbarn eine Runde Doppelkopf. Und die nächste Verletzlichkeitsphase kriegt man nicht mehr mit.

Natürlich sind das nicht alle Phasen, die man durchleben muss, um sich verletzlich zu fühlen. Es kann noch viel mehr geben: Umzüge, finanzielle Not, Krankheiten, Freunde, um die man sich Sorgen macht, Naturkatastrophen, kriminelle Machenschaften und so weiter und so fort. Bei all dem ist es wichtig und gut, wenn man seine Seele stärkt und sich so schnell wieder berappeln kann.

Immer, egal in welcher Phase, ist es wichtig, Freunde und liebe Menschen um sich zu haben. Das kann die Familie sein, Nachbarn, Sangesgeschwister, ehemalige Kollegen – Hauptsache, man ist füreinander da. Dazu noch eine Portion Eigenliebe, dann hat man alles, was man braucht, um sämtliche Phasen durchzustehen.

Herr Dr. Zorawski, (wie) kann man sich vorbereiten auf »besonders verletzliche Phasen«?

Für solche Phasen ist ein Selbstwertgefühl hilfreich, das nicht von den Dingen abhängig ist, die letztendlich ohnehin nicht in unserer Macht stehen. Oft sind es solch schwierige Umstände oder Ereignisse, die dazu führen, dass wir nicht mehr klarkommen oder gar eine Depression entwickeln, obwohl wir bis dahin immer alles geschafft haben und es uns zumeist gut ging. Die Fähigkeit, widrigen Umständen zu trotzen, nennt man Resilienz, und der individuelle Grad an Resilienz ist meines Erachtens systematisch trainierbar.

Um sich also auf schwierige Lebensphasen vorzubereiten, aber auch, um kleinere Probleme des Alltages besser bewältigen zu können, ist es ratsam zu lernen, zwei Dinge voneinander zu trennen: die, die wir beeinflussen können, von denen, die wir nicht beeinflussen können, und sich nicht mehr so sehr an letzteren aufzureiben, sei es durch Selbstabwertung oder durch ein allgemeines Hadern mit der Welt und dem Schicksal. Das haben römische Philosophen wie Epiktet und Seneca, die zur Schule der Stoiker gehörten, bereits vor über zweitausend Jahren empfohlen. Letztendlich stellt das die philosophische Grundlage kognitiver Verhaltenstherapie dar. Dabei übt man diese Haltung prophylaktisch am besten schon, bevor es zur Krise kommt.

Die Liebe ist ein seltsames Spiel

Was uns unser ganzes Leben lang begleitet, ist die Liebe. Sie zu finden, sie zu verlieren und vielleicht in einem anderen Menschen wiederzufinden beschäftigt nicht umsonst schon immer Schriftsteller, Musiker, bildende Künstler – und ihr Publikum. Nirgends ist man wohl so verletzlich wie in der Liebe. Wer von uns ist hier noch nie verletzt worden? Von einem ehemaligen Partner, Schwarm oder der einstigen »Frau meines Lebens«?

Wir haben wahrscheinlich alle ein Bündel an unangenehmen »Ich-Liebe-Dich-Nicht-Mehrs«, »Ich-Mag-Dich-Zwar-Abers«, »Ich-Habe-Da-Jemanden-Kennengelernts«, »Ich-Brauche-Meine-Freiheits«, und »Durch-Dich-Habe-Ich-Gemerkt,-Dass-Ich-Frauen-Liebes«, was wir mit uns rumschleppen.

Jemandem zu sagen: »Ich mag dich, du gefällst mir, ich habe mich in dich verliebt«, macht einen so verletzlich wie fast nichts anderes. Man öffnet sich, nicht nur durch diese Sätze, sondern auch durch sein ganzes Verhalten und geht damit das Risiko ein, abgewiesen zu werden, nicht zurückgeliebt zu werden, und das kann sehr wehtun.

Schon beim Kennenlernen begeben wir uns auf äußerst dünnes Eis. Woher willst du denn wissen, ob der andere auch Schmetterlinge im Bauch hat, wenn er dich sieht? Oder ob du im schlimmsten Fall eine Freundschaft zerstörst, weil du dich offenbarst.

Wir alle wissen, wie idiotisch wir uns benehmen können, wenn wir jemanden toll finden. Plötzlich werden wir in seiner Anwesenheit knallrot, können nicht mehr richtig sprechen und tun es trotzdem. Was meist ein

Fehler ist, denn es kommt nicht viel dabei heraus. Und beim Versuch, locker zu bleiben und nicht unangenehm aufzufallen, strengen wir uns so sehr an, dass wir noch viel schlimmer wirken, als wir uns sowieso schon fühlen. Es ist entsetzlich! Haben Sie schon einmal jemanden angehimmelt? Mir tun die Herren heute noch leid, die ich in jungen Jahren toll fand. Alles an mir hat verrückt gespielt, und die Darstellung in Kinofilmen von verliebten und nicht zurückgeliebten Mädchen halte ich größtenteils für untertrieben.

Aber es ist eben auch wahnsinnig aufregend: Du willst diese Person so sehr, dass dir die Vorstellung, ihr könnte es auch so gehen, genauso die pure Panik in die Knochen fahren lässt wie der Gedanke, dass sie dich einfach nur »nett« findet – wenn überhaupt. Sich in Liebesdingen zu öffnen, einen Multiple-Choice-Zettel im Unterricht zu deiner Flamme durchreichen zu lassen mit der Frage: »Willst du mit mir gehen? – Ja 0 Nein 0«, das ist nervenzerfetzender als jede Stephen-King-Verfilmung.

Liebesbriefe zu schreiben, ohne sich sicher zu sein, dass die Angebetete diese nicht ihrer besten Freundin höhnisch lachend vorliest. Für den Traumtyp kochen und ihm glauben, dass er wirklich nur deshalb nach dem

Wir tragen unsere Emotionen vor uns her wie ein Statement-T-Shirt und haben meist überhaupt keine Ahnung, wie sie beim anderen ankommen. Wir liefern uns nackt und völlig ungeschützt seinem Wohlwollen aus und sind dabei sogar – hoffentlich – angezogen.

Essen sofort nach Hause will, weil er es langsam angehen lassen möchte und nicht, weil Miss World in seiner Wohnung in einem Hauch von Nichts auf ihn wartet. Dem Herrn, der einen an der Bushaltestelle immer so anstrahlt, fragen, ob man sich mal auf einen Kaffee trifft, nicht wissend, ob er vielleicht einfach nur schielt und einen kapitalen Lachzwang sein eigen nennt. All dies und noch viel mehr können wir nicht ahnen. Und wenn wir uns dennoch der anderen, angeschmachteten Person offenbaren, trauen wir uns eine Menge, und ich denke, jeder von uns kennt den mitleidigen Blick unseres Angebeteten, wenn wir uns einen Korb abholen. Mitleid ist das Letzte, was man von der Person will, und man schämt sich in Grund und Boden, überlegt, wie man denn all die Zeichen nur hat missdeuten können. Und wenn man Pech hat, fängt man an, sich alles Mögliche einzureden, etwa, dass »er sich das selbst noch nicht eingestehen kann, dass er mich toll findet« oder dass »sie einfach noch ein bisschen Zeit braucht« und »gut, ich war immer die treibende Kraft, wenn es darum ging, dass wir uns treffen sollten, aber er ist eben auch sehr schüchtern«.

Nein! Nein heißt nein. Egal, ob Frau oder Mann. Wir sind nur deshalb so verletzt, weil unsere Verliebtheit so groß war, dass wir das Risiko der Zurückweisung in Kauf genommen und Mut bewiesen haben, wenn auch »nur« uns selbst gegenüber – und dann nicht belohnt wurden.

Besonders blöd ist aber, wenn er oder sie selbst nicht eindeutig ist. »Äh ja, ach so, hmm. Ich finde dich auch toll, aber ich hänge noch an meiner Ex-Freundin.« Oder: »Ich finde dich super, aber ich brauche meine Freiheit!« »Mit dir schlafen kann ich mir gut vorstellen, mal gucken, was sich daraus entwickelt.« Hahaha.

Selbst gestandene, erwachsene Männer konnten mir nicht sagen: »Ich bin nicht in dich verliebt«, bis ich es von ihnen eingefordert habe. Dabei war es genau das, was ich brauchte, um wirklich zu kapieren: Er will mich nicht – und einen Schlussstrich unter die Anschwärmung setzen zu können. Ob die Typen jetzt aus Angst, mich zu sehr zu verletzen, so rumgeeiert sind oder weil sie mich noch »warmhalten« wollten, das weiß ich nicht. Aber mein Appell lautet eindeutig: Männer! Frauen! Ihr tut uns mehr weh und richtet größeren Schaden an, wenn ihr nicht klar seid! Lieber ein offenes: »Ich bin nicht verliebt in dich.« Statt: »Ich hab wahnsinnig viel

Es ist uns peinlich, dass wir uns anbieten wie sauer Bier, das niemand trinken will.

zu tun, ich melde mich.« Oder: »Ich mag dich unheimlich, aber ich bin noch nicht so weit.« Oder: »Ich bin nicht gut genug für dich, du hast etwas Besseres verdient.«

Auch Spielchen zwischen Mann und Mann oder Mann und Frau oder Frau und Frau sind so erbärmlich und anstrengend.

»Nee, ich ruf den jetzt nicht an, ich finde ihn viel zu toll!«

»Aber er hat dich doch um Rückruf gebeten? Ist das nicht unhöflich?«

»Nein, da warte ich lieber noch zwei Tage. Der soll bloß nicht denken, dass ich ihm hinterherlaufe!«

»Aber du willst ihn doch?«

»Ja, aber das soll er doch nicht merken! Den lasse ich noch ein bisschen schmoren!« So oder so ähnlich verfahren wir dann, und ich fürchte, nicht bloß in Teenagerzeiten.

Die Angst, sich und seine Interessen zu schnell klar zu zeigen und dann enttäuscht zu werden, ist einfach zu groß. Lieber taktieren wir, besprechen uns mit Freunden und Freundinnen und überlegen, wie wir es am besten anstellen, dass wir in der für uns besseren Position sind. Dabei können wir natürlich auch auf die Nase fallen, denn auch hier ist Klarheit meist die Lösung.

Selbst die über achtzigjährige neue Freundin meines Nachbarn hat sich gedacht, nachdem sie Telefonnummern ausgetauscht haben: »Der kann mich ja wohl mal anrufen. Ich rufe ihn nicht an.«

Mein Tipp: Frag ihn, ob er auch in dich verliebt ist. Ja oder nein. Und wenn er rumschwurbelt, sag ihm, er soll dir klipp und klar sagen: »Nein, ich habe mich nicht in dich verliebt.« Das gilt für alle, egal ob Frau oder Mann. Dieser Satz und kein anderer. Kein: »Eigentlich bist du ja meine Traumfrau, aber Sandy war schneller.« Kein: »Du bist eine wirklich wunderbare Frau und siehst fantastisch aus, aber ...«

Kein: »Wenn ich nicht gerade so viel Zeit für mich brauchen würde, wärst du es!« Denn meine Erfahrung ist: Wenn's passt,

passt es auch. Dann hat man Zeit füreinander. Dann muss man keine Spielchen spielen. Dann freut man sich aufeinander und ist gerne zusammen. Man freut sich über seinen/ihren Anruf und ruft zurück. Dann geht es einfach.

WENN ES LEICHT IST, IST ES RICHTIG

Ich weiß noch, wie ich in einen Mann verliebt war, der war sehr sparsam mit seiner Zeit und erzählte immer viel von seiner Ex-Freundin und stand nicht hundertprozentig zu mir. Ich habe mir das immer so hingebogen, wie ich es wollte: Er hat viel um die Ohren, seine Ex klammert noch, die haben einfach auch viel zu besprechen wegen des gemeinsamen Kindes, das ist alles okay so... Bis mir eine liebe Nachbarin, mit der ich darüber sprach, das Buch schenkte mit dem Titel *He is just not into you* (deutsch: Er steht einfach nicht auf dich). Ich fand das Geschenk grenzwertig, war sogar etwas empört, schließlich hatten wir gerade eine gute Phase, er hatte schon zweimal auf eine SMS von mir geantwortet – hey! Aber kurze Zeit später wusste ich, sie hatte recht. Man redet sich so viel ein, weil man einfach nicht verletzt werden möchte. Alleine diese »Ich ruf dich an«- Sache, die man seit der Pubertät mitgemacht hat, bei der man sich immer sagte:

Er hat sein Handy mit meiner Nummer verloren.

Sein Ladegerät funktioniert nicht mehr.

Er ist auf Geschäftsreise unter Tage, wo er kein Netz hat.

Er hat eine Stimmbandentzündung und darf nicht anrufen.

SMS schreiben kann er nicht, weil er auch Arthrose hat.

Das Handynetz gibt's nicht mehr.

Er ist tot.

Ein einziges Mal – von weiß Gott sehr vielen Malen – hatte ein Herr tatsächlich sein Handy mit meiner Nummer verloren. Der hatte aber auch nicht versprochen, dass er anrufen würde. Trotzdem hat er Gott und die Welt in Bewegung gesetzt, um irgendwie wieder an meine Nummer zu kommen. Wir waren anderthalb Jahre zusammen. Immerhin, muss man heute sagen.

Merke: Wenn wir NICHT auf einen Anruf warten, werden wir angerufen. Wenn wir warten, nicht.

Außer, es passt.

Warum sind wir in Liebesdingen so verletzlich? Weil wir unser Glück in dem Moment vom Wohlwollen eines anderen Menschen abhängig machen. Wir wünschen uns nichts auf der Welt sehnlicher, als von ihm geliebt zu werden, auch wenn wir ihn noch gar nicht kennen.

Und wenn wir Glück haben und wir werden zurückgeliebt, geben wir so viel von uns preis. Wir erzählen ihm unsere Schwächen, wir weinen in seinen Armen, vielleicht einfach, weil wir einmal weinen wollen und es bei ihm können. Er weiß, welche Stellen in unserem Lebenslauf uns nicht gefallen, er nimmt hin, dass wir nach der Dusche unsere getragenen Klamotten im Bad liegen lassen, dass wir immer noch ziemlich schlecht in Erdkunde sind und uns partout nicht merken können, wo die Anden sind, und dass wir der Nugatschokolade zu sehr zugetan sind. Wenn wir uns dem Partner erklären, *Und natürlich sind wir verletzt, wenn er unsere Gefühle nicht erwidert. Weil es wehtut.* denken wir nicht daran, dass er damit einen Schlüssel zu unserem Verletzlichkeitszentrum an seinem Schlüsselbund hat.

Wir sind es wahrscheinlich schon von Natur aus gewöhnt, dass Liebe erwidert wird. Unsere Eltern lieben uns, und wir lieben zurück. Wenn da plötzlich nichts zurückkommt, wundern wir uns und sind verwundet. Eieiei, das ist schon etwas Unangenehmes. Und wir dürfen trauern, Liebeskummer haben, auch wenn »nur« unsere Schwärmerei nicht erwidert wurde oder wir dachten, aus unserer Affäre würde mehr werden, und enttäuscht wurden. Was wir fühlen, ist richtig, und wenn unsere Freunde sagen: »Der war eh nicht gut für dich!« oder »Das ist nicht dein Ernst, du heulst wegen diesem Typ?«, dann sollte uns das nicht scheren. Was wir fühlen, ist richtig. Und wenn es uns verletzt hat und wir deshalb traurig sind, dann ist das so, und wir dürfen dem ~~Sausack~~ Objekt unserer Begierde ruhig nachtrauern. Und wir sollten uns nicht zurückhalten, unsere Liebe kundzutun. Schließlich gibt es auch andere Beispiele. So habe ich mich einmal mit einem Herrn unterhalten, in den ich zwanzig Jahre zuvor verschossen gewesen war. Ich war mir aber sicher gewesen, dass er lediglich eine Freundschaft mit mir im Sinn gehabt hatte, und hatte immerzu meinen Mund gehalten. Mich nicht getraut, weil ich Angst gehabt hatte, einen auf den Deetz zu kriegen. Zwanzig Jahre später ist er schon lange glücklich verheiratet und ich bin auch glücklich liiert, da erzählt er mir, er war in mich verschossen. Gleichzeitig. Er hatte sich nur nicht getraut. Wir haben darüber gelacht.

Natürlich kann man sich fragen, wie unsere Leben verlaufen wären, hätten wir den Mut gehabt, uns einander zu offenbaren. Aber das wäre müßig und muss gar nicht sein, schließlich war und ist es so auch gut.

Einmal, während des Studiums, habe ich einen jungen Herrn bei Ikea angesprochen, ich nahm all meinen Mut zusammen, ging auf ihn zu und sagte zu ihm: »Hallo, ich möchte dich ansprechen!« Er guckte seine Freunde, mit denen er unterwegs war, grinsend an und sagte: »Aber das machst du ja schon!« Ich erwiderte: »Ja, aber lieber wäre es mir ohne die!« und zeigte auf die beiden, die sich im Spaß entschuldigend Richtung Topfpflanzen verkrümelten. »Du gefällst mir«, ließ ich den Herrn wissen, »ich würde gerne mal einen Kaffee mit dir trinken gehen!« Er lachte und sagte: »Das ehrt mich, aber ich habe schon eine Freundin!« Er wusste also – oh Wunder! – anscheinend, woher der Wind wehte. Ich wünschte ihm alles Gute, er mir auch, und ich bin mir sicher, dass ich seinen Tag etwas hübscher gemacht hatte. Und wenn ich auch einen Korb bekommen habe, so freute ich mich doch, dass ich den Mut hatte, ihn anzusprechen. Bei Ikea. Einfach so! Nachdem ich ihn eine halbe Stunde lang unauffällig verfolgt hatte. Um zu gucken, ob er sich nur für hässliche Möbel interessiert.

Für mich war das eine tolle Erfahrung, und ich war stolz auf mich. Es hat mir gutgetan und mich ein bisschen bestärkt, so etwas doch öfter zu machen. Ich habe mich verletzlich gezeigt und etwas dafür bekommen. Mehr Sicherheit. Selbstbewusstsein. Die Erde hat sich nicht aufgetan, und ich bin auch nicht vom Blitz getroffen worden. Ich habe jemandem ein Kompliment gemacht, und er hat sich darüber gefreut.

Wenn wir so etwas tun, können wir uns auf die Schulter klopfen, dass wir einen Schritt gewagt haben, der uns vielleicht unserem Ziel nicht näherbringt, aber wir haben uns aus unserem sicheren Feld getraut und sind bei uns geblieben und haben das gemacht, was wir wollten. Das ist ganz wunderbar!

Selbst wenn wir einen Korb bekommen, können wir immer noch Zitronen darin transportieren, oder wie heißt dieses Sprichwort?

Etwas anderes ist es, wenn man schon länger zusammen ist. Wir kennen uns gut, wissen um unsere wunden Punkte. Ich habe auch in meiner Partnerschaft die Erfahrung gemacht, dass es mir und der Beziehung guttut, wenn ich offen bin und »bei mir« bleibe. Wenn ich etwa mal eifersüchtig bin, nicht heimlich seine Taschen zu durchforsten und komische Fragen zu stellen: »Wie gefällt dir eigentlich Tanjas Frisur? Stehst du jetzt auf kurze Haare?«, sondern zu sagen: »Ich bin eifersüchtig auf deine neue Kollegin. Es tut mir leid und ich finde das auch blöd, aber es ist jetzt so.« Das ist eine Basis, auf der man miteinander reden kann. Der Partner weiß Bescheid, und man muss keins dieser blöden enervierenden Spielchen spielen:

»Wo warst du so lange und warum bist du nicht ans Telefon gegangen?«

»Ich war noch mit den Kollegen in der Kneipe und habe das Telefon nicht gehört.«

»War diese Neue auch dabei?«

»Welche Neue?«

»Die mit dem süßen Kurzhaarschnitt!«

»Jaja, die war auch dabei.«

»Soso.«

»Was heißt ›soso‹?«

»Nichts.«

»Wie nichts?«

»Na, nichts. Du findest ihren Kurzhaarschnitt also süß! Soll ich mir auch die Haare abschneiden? Und blondieren? Platinblond oder wie? Das mache ich nicht! Da kannst du dich gehackt legen! ICH mag meine Haare! Dann geh doch von mir aus jeden Abend mit deiner ›Miss Süßerkurzhaarschnitt‹ aus! Das ist mir doch egal!«

Man legt sich in sein Bett und flennt und isst eine Dreihundert-Gramm-Tafel Milka (wieso macht Milka das? DREIHUNDERT Gramm am Stück! Das ist verantwortungslos!) und danach noch das dicke Stück Blockschokolade, das von der Weihnachtsbäckerei übrig ist und das Einzige ist, was an Süßigkeiten außer der Milka noch im Haus ist, und der Partner schüttelt nur den Kopf, denkt: »Mannomann!« und geht zum Handballtraining.

Die Alternative ist: »Ich bin eifersüchtig auf deine Kollegin.«

»Auf die? Die kann doch gar nicht gegen dich anstinken! Du bist doch meine Traumfrau!«

Und man geht in die Küche und macht sich einen Salat und wünscht ihm viel Spaß beim Handballtraining. Ohne Spielchen, mit Ehrlichkeit, ohne Tränen und Schokolade. Genauso soll es auch andersrum sein natürlich und in jeder anderen Partnerschaft. Denn Offenheit lässt uns bei uns selbst sein und macht uns authentisch. Wir müssen uns nicht verbiegen, sondern können sein, wie wir sind und wer wir sind. Dazu kommt, dass unsere Bindung zu unserem Partner gestärkt wird, wenn wir ihm unsere Schwachstellen offen zeigen: »Ich habe Angst, dass du mich verlässt, wenn ich immer traurig bin«, »Ich fürchte, du magst mich nicht mehr, wenn ich immer mehr zunehme« oder »Liebst du mich auch noch, wenn ich *Bayern*-Fan werde?«

Wir vertrauen einander, wir gehen davon aus, dass unser Partner unsere Schwächen nicht ausnutzt, und das schweißt uns zusammen. Und wenn er sie ausnutzt, wissen wir, dass er wohl nicht der Richtige für uns ist. Sich verletzlich zu zeigen in der Beziehung ist also ein großes Geschenk an unseren Partner und umgekehrt. Ich zeige mich dir, wie ich bin mit all meinen Schwächen und wunden Stellen, und habe die Erfahrung ge-

Egal, was es ist, wofür wir uns schämen, was uns Sorge bereitet, wir sollten es dem anderen mitteilen.

macht, dass du mich trotzdem so annimmst, wie ich bin, und ich mache es genauso mit dir – ist das nicht wundervoll? Ehrlich sein, klar sein, bei sich sein. Dann läuft's.

Das heißt aber natürlich nicht, dass man immerzu rumjammern muss: »Ich schäme mich so, mir ist das so unangenehm, warum nur bin ich so eifersüchtig? Das muss an meiner Erziehung liegen. Das ist so schrecklich, meine Güte, warum nur haben mich meine Eltern so erzogen, ich muss mich vielmals entschuldigen!«

»Nein, ich finde es gut, dass du so offen zu mir bist. Es ist okay!«

»Gar nichts ist okay, ich unterstelle dir ja dadurch Untreue! Wie kann ich nur! Das ist wirklich nicht richtig von mir, aber ich habe nun einmal diese Schwäche, ich würde fast sagen, es ist sogar ein Fehler! Ein riesengroßer Fehler in meinem Charakter! Du musst mich hassen deshalb, ich hasse mich ja selbst dafür!«

»Nein, nein, jetzt weiß ich, dass das dein wunder Punkt ist, ich werde also aufpassen, dass ich dir keinen Anlass gebe, eifersüchtig zu sein.«

»Was? Du musst regelrecht aufpassen? Dich zusammen-reißen? Aha. Fällt dir wohl sehr schwer... oh Gott, ich lasse mich scheiden!«

So geht der Schuss nach hinten los. Und das kann niemand wollen.

Aber: Wir haben ja nicht immer nur auf der Seite der Wollen-den, Bittenden gestanden. Es gab und gibt auch immer wieder Situationen, in denen sich ein anderer uns gegenüber öffnet und wir dann adäquat reagieren müssen. Leider ist mir das, beson-ders während des Studiums, sehr schwergefallen. Das lag jetzt nicht an der Fächerwahl (Philosophie, Soziologie und Neuere Deutsche Literatur), sondern wahrscheinlich an meinem Alter und meiner Unsicherheit.

Einmal offenbarte sich mir ein guter Freund, ein Studien-kollege, mit dem ich mich sehr gut verstand. Wir unternahmen viel zusammen, hatten gute Gespräche und Spaß miteinander und spielten zusammen Badminton. In keiner Minute sah ich den Mann in ihm, der er wohl auch war, schließlich hatte er einen männlichen Namen, einen Bartschatten und sehr große Füße – außerdem einen unübersehbaren Kehlkopf.

Ich wäre nie im Leben auf die Idee gekommen, die für ihn anscheinend auf der Hand lag. Eines Tages, wir waren im Bus auf dem Weg an die Uni und erzählten uns gerade noch mal die lustigsten Stellen aus dem Film, den wir tags zuvor zusam-men gesehen hatten, lachte er mich plötzlich an und sagte: »Na, wie wär's denn mit uns beiden eigentlich?« Ich denke, ich wollte ihn damals nicht verstehen und glotzte ihn deshalb nur idio-tisch an, überhaupt nicht kapierend, was der Inhalt dessen war, was er mich da gerade gefragt hatte. »Na, du und ich, wir wür-den doch ein prima Paar abgeben«, ließ er mich wissen, und ich fiel weiter durch alle Wolken, und das waren wirklich sehr viele. Ich wurde rot und ärgerte mich ein wenig über diesen »Willst du mit mir gehen«-Text, so hatte ich das noch überhaupt nicht erlebt. »Wir würden ein prima Paar abgeben! Wie wär's mit uns beiden?« Hallo? Geht's noch romantischer? Was für eine Antwort erwartete er denn da? »Och du, stimmt, das könnte ich mir ganz prima vorstellen. Vielleicht nächsten Monat? So ab dem 20. hätte ich Zeit? Was hältst du von einem Partnerlook? Wir könnten doch gleich mal shoppen gehen am 20.!«

Noch mehr allerdings ärgerte ich mich darüber, dass er unsere gute Freundschaft kaputtmachen wollte. Und ich war komplett verunsichert, ich hatte keine Ahnung, wie ich mich nun verhalten sollte, und so tat ich das Erste, was mir in den Sinn kam, und sagte: »Nein! Wir sind Freunde! Und das ist gut so!«

Mir war die Situation wahrscheinlich sehr viel weniger unangenehm als ihm; eigentlich hätte ich mir denken können, wie schrecklich er sich in dem Moment fühlen musste.

Und dann trampelte ich wie ein Elefant auf seinen Gefühlen herum, indem ich ihn geradezu angewidert und mit dringendem Fluchtimpuls anstarrte. Diesem gab ich an der nächsten Haltestelle, kaum dass der Bus gehalten hatte, nach, stürzte nach draußen und wechselte fortan jedes Mal die Straßenseite, wenn ich ihn kommen sah. Alles an ihm fand ich plötzlich fürchterlich, mochte sein Lachen nicht mehr, fand abstoßend, dass er immerzu Birkenstocks trug, und hasste seinen Haarschnitt. Das alles hatte mich bei ihm als »normalem« Freund überhaupt nicht gestört. Der Arme! Wie leid er mir noch heute tut wegen meiner schrecklichen Reaktion!

Man könnte meinen, mein kindisches Verhalten spräche jetzt von seiner Seite dagegen, sich zu öffnen. Tut es nicht. Zum einen hätte er wirklich über seinen Text noch mal rübergehen können (»Wie wär's mit uns beiden?« Also bitte!), zum anderen war meine Reaktion kindisch und dermaßen von Unsicherheit geprägt, dass er im Nachhinein froh sein konnte, dass ich ihm einen Korb gegeben hatte. Sonst hätte er mit einer gefühlt Dreijährigen zusammen sein müssen, und das wäre auch nicht schön für ihn gewesen.

Erwachsen hätte ich, wenn für mich damals schon das Gesetz des Sich-verletzlich-Zeigens gegolten hätte, anders reagiert, nämlich in etwa so: »Oh, das ehrt mich und verunsichert mich gleichermaßen. Ich weiß gar nicht, was ich sagen soll. Ich möchte dir nicht wehtun, ich mag dich nämlich total gern und verbringe sehr gerne Zeit mit dir, ich möchte auch unbedingt weiterhin mit dir befreundet sein, aber ich bin leider nicht in dich verliebt. Das ist jetzt ne Scheißsituation, und es tut mir echt leid, aber ist einfach so.«

Nicht nur meinem Beziehungspartner gegenüber kann ich mich so zeigen, wie ich bin. Auch meine richtig guten Freunde wissen, was mich kränkt, und zeigen sich gleichzeitig so, dass ich weiß, wie es ihnen geht.

Schon als kleines Mädchen habe ich Freundschaft immer so verstanden, dass meine Freundinnen zu mir stehen und mich verstehen, und das Gleiche gilt umgekehrt.

Heute noch kann ich die Herzlosigkeit einer Freundin von damals nicht so recht begreifen: Ich feierte meinen elften Geburtstag mit einem Haufen etwa gleichaltriger Mädchen. Es war eine bunte Feier, das Einzige, was den Tag etwas trübte, war die Tatsache, dass es meinem geliebten Wellensittich Fips nicht gut ging. Er hatte in den letzten Tagen wenig gefressen und schlief die meiste Zeit. Ausgerechnet am Tag meiner Feier ging es ihm richtig mies. Ich machte mir große Sorgen. Er saß nicht mehr auf der Stange, sondern auf dem Käfigboden und schwankte. Meine Mutter ließ mich wissen, dass ich kurz mit meinen Freundinnen alleine spielen sollte, sie würde das Tier zum Tierarzt bringen, mein großer Bruder passte auf uns auf. Sie kam ohne Fips wieder. Er hatte eine Lungenentzündung und musste eingeschläfert werden. Ich war am Boden zerstört. Fips war mehr als einfach nur irgendein Haustier für mich, er war ein guter Kumpel, hatte mich bis dahin auf meinem Kopf durchs ganze Haus begleitet, spielte mit mir und flog mir, wenn ich in mein Zimmer kam und ihn rief, auf die Hand. Er duschte unter dem laufenden Wasserhahn in meinen Händen, und wir schmusten ausgiebig. Das alles sollte jetzt vorbei sein? Es tat so weh, ich konnte nur noch weinen und schickte meine Freundinnen nach Hause.

Ein Mädchen war ähnlich traurig wie ich, aber nicht wegen meines Vogels, sondern weil sie noch nicht genug gespielt und noch nicht genug Kuchen gegessen hatte. »Wie, die Party ist vorbei?«, hörte ich sie zu einem anderen Kind sagen: »Und das nur wegen einem blöden Vogel?«

Nun waren wir alle Kinder, und wir hatten unterschiedliche Beziehungen zu Tieren, aber für mich brach mit dem Tode Fipsens eine Welt zusammen. Ich erinnere mich heute noch, wie ich am nächsten Tag im Klassenzimmer saß und kaum meine Tränen zurückhalten konnte, bis unser Lehrer fragte, was denn mit mir los sei. Mitfühlende Freundinnen erklärten, dass ich um mein Haustier trauerte, und alle in der Klasse, inklusive Lehrer, reagierten verständnisvoll. Eben bis auf dies eine Mädchen. Ich war empört, wie man so herzlos sein konnte.

Heute verstehe ich ihr Verhalten ein wenig, sie war in sehr einfachen Verhältnissen aufgewachsen und hatte zudem in ihrer Familie wenig Liebe erfahren. Wahrscheinlich wäre ein Haustier für ihre Eltern überhaupt nicht infrage gekommen, weil es nur ein weiteres Mäulchen gewesen wäre, das man hätte stopfen müssen. Mir als Kind kam ihr Verhalten aber damals geradezu barbarisch und weit entfernt von freundschaftlich vor.

Wahre Freunde kann ich fragen: »Mir geht es schlecht, darf ich heute Nacht auf deiner Couch schlafen?« und muss gar nicht sofort erzählen, was los ist, sie merken das schon von sich aus. »Ich habe Mist gebaut!« und »In meiner Ehe läuft es nicht mehr so prima« – das sind Aussagen, die ich Freunden anvertraue und die ich von ihnen hören kann.

Ohne zu urteilen, ohne gleich mit einem Rat anzukommen, einfach zuhören, trösten, in den Arm nehmen, da sein, das ist wichtig und wunderbar. Freundschaft hat eine Menge mit Verletzlichkeit zu tun, denn wir wissen so viel voneinander. Wir vertrauen uns, dass wir das Wissen nie für irgendwelche Ziele missbrauchen werden. Dafür ist uns unsere Freundschaft viel zu kostbar. Richtig guten Freunden kann ich auch sagen, wenn mich etwas stört. Ich erwarte sogar von ihnen, dass sie mir auch mitteilen, wenn ich mich blöd verhalten habe. Denn: Wahre Freundschaft hält das nicht nur aus, sondern sie kann so sogar vertieft werden. Wie schrecklich wäre es, wenn meine Freunde sich nicht trauen würden, mir zu sagen, dass sie es total nervt, dass ich immer zu spät bin – und lieber hinter meinem Rücken über mich ablästern. Genauso möchte ich sagen können: »Es verletzt mich, dass du dich nicht für meinen neuen Partner interessierst. Warum fragst du ihn nicht auch mal etwas, sondern erzählst immer nur von dir?«

Vielleicht ist es meiner Freundin gar nicht aufgefallen, dass sie nie mit meinem neuen Freund redet, oder sie kann einfach kein Französisch (Knallerwitz!).

Wir sollten wirklich offen und sachlich miteinander umgehen: »Bitte erzähle nicht auf jeder Party die Geschichte aus der Grundschule, als ich den Hausmeister in den Schrank gesperrt habe – mir ist das unendlich peinlich!« Natürlich wäre es super, wenn deine Freunde schon von alleine merken, wenn sie dich verletzen. Aber manchmal fandest du ihre Gewohnheiten auch eine Zeit lang lustig, und sie haben nicht gemerkt, dass du dich verändert hast und dir die alten Geschichten jetzt mächtig auf den Geist gehen. Oder du findest die Geschichte, wie dein alter Kumpel bei der Party im Haus deiner Eltern auf den Steinway-Flügel gekotzt hat, immer wieder wert erzählt zu werden und hast noch nicht mitbekommen, dass ihm das – vor allem vor seiner neuen Flamme – richtig peinlich ist.

Wenn ich so sein kann, wie ich bin, und mich nicht verstellen muss und es meinem Gegenüber mit mir genauso geht – dann bin ich in einer guten, tiefen Beziehung.

Was uns peinlich ist, wofür wir uns schämen, verletzt uns.

Wenn du ein Problem mit einem Freund hast, lass es ihn wissen. Am besten bei einem Vier-Augen-Gespräch. Wenn er wirklich dein Freund ist, wird er dich verstehen und es in Zukunft unterlassen, dich zu verletzen, und er wird dich für deine Ehrlichkeit noch mehr schätzen.

In *The Grant Study* und *The Glueck Study* der Universität Harvard haben sich Forscher über 75 Jahre lang mit der Frage beschäftigt, was Menschen glücklich macht. Die wichtigste Erkenntnis dieser Forschungsarbeiten ist: Gute Beziehungen machen uns glücklicher und gesünder. Dabei ist es egal, wie viele Freunde man hat, wichtiger ist die Qualität der Beziehungen. Und die erkennt man daran, dass man verletzlich sein kann und sich gleichzeitig wohl und sicher fühlt.

GEFAHREN IM BETT

Nein, in diesem Abschnitt geht es nicht darum, sich beim Aufstehen aus dem Stockbett den Kopf zu stoßen, mit dem Fuß im schmiedeeisernen Fußteil der Liegestatt stecken zu bleiben oder zu erfrieren, weil man vor lauter Müdigkeit vergessen hat, die Matratze von der Sommer- auf die Winterseite zu drehen. Es geht vielmehr darum, dass manche von uns (und aus ziemlich sicheren Quellen weiß ich, dass selbst Supermodels es tun) sich nicht nur sowieso schon für bestimmte Körperregionen schämen, sondern erst recht beim Sex. Und ganz besonders beim ersten Mal Miteinanderschlafen, nachdem sich zwei kennengelernt haben.

Es gibt genügend Potenzial: Zu wabbelig, zu fest, zu viel, zu wenig, zu feucht, zu trocken, zu hart, zu weich, zu groß, zu klein erscheint uns so manches an uns. Wohlgemerkt: an uns! Den, mit dem wir schlafen, finden wir einfach nur hot! Sonst befänden wir uns ja nicht in der Begattungssituation. Oder kurz davor. Und wir können sicher sein, dass es ihm/ihr gerade ganz genauso geht wie uns. Er. Will. Mich. Und umgekehrt. Und es ist dem Spaß und der Vertrautheit nicht dienlich, wenn wir uns die ganze Zeit daran erinnern, dass unsere linke Brust etwas größer ist als die rechte, dass es schon zwei Tage her ist, dass wir unsere Beine rasiert haben, dass wir unseren Rücken gar nicht rasiert haben und unser Schwanz krumm ist wie ein türkischer Säbel. Das ist alles wunderbar. Genauso wunderbar wie es wäre, wenn es anders wäre. Wir begehren einander, sind am Um-Ausziehen, und wir wollen nur diesen Menschen spüren. Genau diesen. Und nicht Emma Stone oder Marc Ruffalo. Obwohl…

Und wir sollten mit Selbstbewusstsein und Gelassenheit an die Sache herangehen. Wir können uns sicher sein, dass der andere ähnliche Bedenken hat wie wir, und wir sind genau so, wie wir sind, schön. So schön, dass wir jetzt miteinander schlafen wollen. Erstens können wir nicht warten, bis wir unseren Waschbärbauch wegtrainiert haben und unsere Reiterhosen abgesaugt sind, sondern wir wollen JETZT mit diesem Typen/dieser Frau in die Kiste, und zweitens sind wir so, wie wir sind, völlig genug. Mit all unseren Macken und Dellen. Die stören nämlich nur uns. Ihn stört nichts an uns, und uns stört nichts am anderen.

Also lasst es uns einfach genießen und dem Herrn/der Dame gönnen, dass er/sie auf der Klaviatur unseres Luxuskörpers nun sein/ihr Lieblingsstück spielen kann…

Wir mögen alles an ihm. Und selbst, wenn uns etwas stört, nämlich, dass er noch seine Socken anhat und das Licht ausmachen möchte, können wir ihm das sagen. Jetzt oder beim nächsten Mal. Es ist aus keinem anderen Grund dazu gekommen, dass wir miteinander schlafen wollen, als dass wir uns heiß finden.

Was aber, wenn das Stück zu schwierig ist und der Fingersatz nicht funktioniert – und der Soldat nicht salutiert, alles zu schnell geht oder eine gewisse Geschmeidigkeit auf sich warten lässt? Es gibt etliche Dinge, die beim Akt passieren können.

Vielleicht ist dem einen oder der anderen schon einmal etwas in der Art passiert, und er oder sie geht deshalb mit Unbehagen in den Nahkampf. Lasst die Gedanken los, es kann auf jede Art schön werden. Und wenn etwas nicht so läuft, wie ihr es euch vorgestellt habt, sprecht es aus, zeigt euch verletzlich! Das ist auf jeden Fall besser, als den coolen Macker zu spielen. »Ich hatte heute einfach schon zu oft Sex!« oder »Naja, immerhin bis zu dir, Nummer 3426, bin ich gekommen – im wahrsten Sinne des Wortes«, das sind Sätze, die man nicht hören möchte. Wenn euch an der Person, mit der ihr so intim seid, etwas liegt, sagt ehrlich, wie ihr euch fühlt. Sie wird verständnisvoll reagieren, wenn sie es wert ist von euch gemocht zu werden. Bleibt bei euch und teilt euch mit, ihr müsst nichts tun, was ihr nicht wollt, und es soll beiden Spaß machen und ein gutes Gefühl geben.

Unsere sexuellen Vorlieben sind zwar immer noch etwas, was wir nicht auf jedem Marktplatz herausposaunen (zumindest nicht auf jedem, Gott sei Dank), aber der, mit dem wir Sex haben, darf ruhig wissen, worauf wir stehen und was wir gar nicht mögen. Dabei müssen wir uns für nichts schämen. Es ist ein Gebiet voller Möglichkeiten, einander zu verletzen, nicht nur körperlich (aua!), sondern auch seelisch, deshalb sollten wir mit uns und mit dem anderen besonders vorsichtig umgehen und viel über unsere wunden Punkte sprechen. Dadurch gewinnt unsere Beziehung nur an Tiefe und Verbundenheit und wir wissen besser, wie wir uns gegenseitig verwöhnen können!

SINGELINGELIN', OH NO

Super, nie auf jemanden warten müssen, alles alleine entscheiden können und mein eigener Herr sein, ohne dass jemand sich dafür interessiert! Niemand, der auf mich wartet, ich komme nach Hause in eine leere Wohnung. Ich muss alles alleine entscheiden und versinke in meinem Chaos, weil ich für mich alleine schon lange keine Ordnung mehr halte. Überall um mich herum nur glückliche Paare. Händchen haltend durch die Stadt schlendernd. Zusammen essen gehend. Vor Glück strahlend, lachend, sich neckend. Und selbst die unglücklichen sind wenigstens nicht alleine.

Ich lese Bücher darüber, wie toll das Singledasein ist. Hey, ich kann jeden Tag einfach ein Ticket kaufen und nach London/Paris/Amsterdam/Budapest fliegen! (Aber was will ich da alleine?) Auch ohne krank zu sein, kann ich mich dafür entscheiden, einen ganzen Tag im Bett mit *Netflix* und Chips zu verbringen! (Aber zu zweit macht das mehr Spaß!) Bei Freunden bin ich beliebt, weil ich am Wochenende keine Pärchenpläne habe. Denn sie haben Pärchenpläne, wollen aber noch jemanden dabeihaben, dann ist es lustiger. Oder sie sind selbst Single und freuen sich über mich, die einzige Singlefrau im Freundeskreis. Ganz toll.

Es zu genießen, alleine zu sein: Das konnte ich nie. Es überhaupt einmal zu akzeptieren schien mir eine Unmöglichkeit.

Auch als Babysitter bin ich gefragt, ich »habe ja nichts vor«. Ich kann gar nichts vorhaben, außer lesen und Filme gucken. Zu Hause, natürlich. Und wenn mal ein Pärchenteil alleine ist, kommt er auf mich zurück: »Hast du Lust auf ein Bier? Torben ist auf Geschäftsreise!« Und ich greife beherzt zu, lasse alles stehen und liegen, meinen Sport, den tollen Film, einen Abend »nur für mich mit Yoga und Meditieren und gesundem Essen«, den ich auch jeden anderen Abend haben kann, denn ich bin froh, dass ich mal mit Ina alleine reden kann, dass ich mal nicht das dritte Rad am Fahrrad bin.

Ich hasse es, Single zu sein. Jedes Mal habe ich es gehasst. Immer zwischen zwei Beziehungen kam ich mir vor, als wäre es auf lauter Leuchtpfeile geschrieben, die auch nachts auf mich zeigen, wo ich gehe und stehe. Single, alleinstehend, keiner will mich. Eigentlich war ich während meiner gesamten Singlezeit immer ausschließlich damit beschäftigt, zu versuchen, diesen Zustand zu ändern. Wie eine offene Wunde trug ich diesen Status vor mir her und erinnerte mich ständig daran, dass wir Menschen in Paaren leben, dass ich in einem Alter bin, in dem jeder Topf seinen Deckel gefunden hat und in dem man sich permanent anlehnen möchte und Pläne machen und kuscheln und miteinander schlafen und dass einem diese körperliche Nähe unheimlich fehlt und dass es ein Unding ist, dass keiner da ist.

Meine Freundinnen und Freunde heirateten und gebaren ohne Unterlass und ich wurde zur Tante, zur allzeit bereiten. Und ich nölte sie nur voll mit meinem Kummer, warum kriege ich keinen ab, ich will so sehr nicht alleine sein!

Häuser wurden im Bekanntenkreis gebaut, gekauft, gemietet, Hunde kamen dazu und ich: wurde eingeladen, zum Babysitten verpflichtet, verschwörerisch auf einen weiteren Single im Freundeskreis aufmerksam gemacht (ja, auf genau einen, wenn überhaupt. Einen frisch geschiedenen Kettenraucher mit Mutterkomplex, der sich beruflich »neu finden möchte«, also selbst mit knapp 50 noch nicht weiß, woher er seine Kohle kriegen soll). »Ihr passt super zusammen!« Na, vielen Dank auch!

Danke, ich brauche nur ein halbes Brot, und selbst das hält eine ganze Woche. Urlaub! Was, zur Hölle, mache ich im Urlaub? Eine Singlereise mit lauter fremden, liebesbedürftigen Singles oder häng ich mich an eine Familie dran und stehe dann eben jeden Morgen mit den Kindern auf (zwangsläufig)? Beides nichts. Aber alleine in den Urlaub? Ich könnte meine

Alles ist zu viel für eine allein. Miracoli. 2-3 Portionen ist die kleine Größe. Gut, dann ess ich eben die allein.

Therapeutin fragen, ob sie mitkommt. Von Weihnachten und Silvester will ich gar nicht erst anfangen. Man kommt sich doch vor, als hätte man suppenden Ausschlag!

Wir fahren übers Wochenende nach Nizza! *Wir* haben Besuch von Torbens Nichte. *Wir* wollen etwas essen gehen, kommst du mit? Single sein ist so doof, weil es ungewollt ist! Wenn ich gerne alleine wäre, würde es mich ja nicht stören! Klassentreffen: Und du? Verheiratet?

»Nein, ich bin Single! Gerade frisch geschieden!« Wie mutig von meiner Abi-Kollegin, dass sie trotzdem gekommen ist, ich bewundere sie. Die anderen zeigen sich Kinderfotos, sie flirtet »aus Spaß« mit einem Klassenkameraden. Und ich bin zwar nicht verheiratet, kann aber immerhin ein paar Bücher und einen festen Freund vorweisen, Gott sei Dank. Ich schämte mich immer, wenn ich alleine war. Weil ich wohl ein Mängelexemplar war, das anscheinend keiner wollte. Ob die anderen glücklich waren in ihrer Beziehung, ob sie mich vielleicht beneideten um meine Freiheit, das war mir sowas von egal. Ich fühlte mich einsam, nicht richtig, nicht komplett, wie eine, auf die man herabblickte. Die etwas nicht geschafft hatte. Und als dann noch mein Großvater zu mir sagte: »Du bist zu blöd, um einen Mann zu finden!«, da fand ich noch schlimmer als seine Aussage, dass ich sie ihm glaubte.

Es war einfach nur doof, Single zu sein, nichts mit dem Partner besprechen zu können, keine Änderung im Haushalt gemeinsam zu beschließen, auf jeder Feier schief angeschaut zu werden, weil ich alleine aufkreuzte. Und jedes Mal die Fragen oder, noch schlimmer, die Nicht-Fragen. Lieber nicht fragen, was sie im Sommer macht, es könnte sie verletzen! Lieber nicht erzählen, dass wir Silvester dieses Jahr mal ganz alleine in trauter Zweisamkeit haben möchten. Puh, wie ätzend.

Und selbst: »Torben und ich fahren Silvester ans Meer, wir würden uns riesig freuen, wenn du mitkämst!« Total nett gemeint, aber welcher Single möchte Silvester alleine mit einem Paar in ein Haus an der See? Um noch deutlicher zu wissen: Ich habe das nicht. Das Planen. Das: Wollen wir dieses Jahr mal flüchten? Ans Meer? Komm, heute Abend suchen wir uns mal eine Bleibe aus, bei einem Glas Wein. Sich alleine zu fühlen macht so verletzlich. Und nichts dagegen tun zu können! Die

Gesellschaft, die ich gerne hätte, kann ich einfach nicht haben! Es geht nicht! Mit Müh und Not bekomme ich vielleicht mal etwas Sex mit irgendeinem aufgewärmten Mann, aber Zweisamkeit, nächtliche Anrufe, einen Kuss auf die Wange nach einem schlimmen Traum, gemeinsame Einkäufe am Wochenende: »Schatz, haben wir noch Zwiebeln? Und was essen wir morgen?« Wie habe ich Paare immer beneidet! Geradezu wertlos für die Gesellschaft kam ich mir vor. Familienstand: ledig. Gruselig.

Und ich: Ich lerne das für mich, einfach so. Und eigentlich habe ich fast immer Zeit. Für alles. Ich entscheide für mich. Alles so super. Nicht.

Ich bin auch alleine toll! Oder?

Gruppenvorstellung: Ich versuche möglichst früh, irgendwie meinen Freund ins Spiel zu bringen. Es war zu schlimm früher, beim Volkshochschulkurs Italienisch: Mein Freund ist Italiener, mein Freund findet es auch toll, dass ich das lernen möchte. Treffen am Wochenende? Schade, ich kann nicht, ich fahre mit meinem Mann ins Glück!

Und immer auf der Suche. Immer unruhig. Immer gucken. Der sieht süß aus! Hat der mich angelächelt? Besser Samstagabend als tagsüber in den Supermarkt, da sind die Singles unterwegs. Wer kommt mit tanzen? Bitte kommt mit! Alleine losgehen? Puh, das kostet Überwindung … Soll ich mal im Internet? Nee … Oder? Er hat zurückgeschrieben! Sein Foto sieht nett aus! Ab da jede Viertelstunde nachgucken, ob er noch mal geschrieben hat. Diese Abhängigkeit! Diese Freude über jedes Zeichen! Gleichzeitig diese Scham, auch mir selbst gegenüber. Eigentlich will ich das doch gar nicht mehr, das mit diesem Internet! Da sind doch nur Honks unterwegs!

Aber es ist so schön, gesehen zu werden! Wahrgenommen zu werden. Post zu bekommen. Ja, von Fremden, aber POST! Und die (elektronische) Post kommt dann von sehr verletzlichen Männern, die sich auch für alles Mögliche schämen: keine Haare mehr, also nur mit Käppi auf dem Foto, oder lieber gleich ein Foto vom attraktiven Arbeitskollegen veröffentlichen. Dicker Bauch: also nur Gesicht zeigen. Vier Kinder von drei Frauen: »keine Kinder« ankreuzen. Alles, was ihm irgendwie negativ ausgelegt werden könnte, wird gar nicht erst erwähnt.

Oder er zeigt sich so cool, wie er ist. »Ich suche nichts Festes.« Heißt: Ich bin der Geilste und will mich nicht an eine einzige Frau verschwenden. Dabei steht dahinter vielleicht: Ich bin sehr verletzt worden. Ich will das nicht noch mal. Lieber vögele ich mich nur noch durch die Betten. Man weiß es nicht. Aber, Mann hat Angst, dass, wenn er schreibt: »Mir hat schon einmal eine Frau sehr wehgetan, deshalb möchte ich es ruhig angehen lassen mit einer neuen Beziehung«, ihn dann alle für einen Softie halten. Für einen mit psychischen Problemen oder so. Puh. Ist das alles ein Drumherum und ein Durcheinander!

Dabei sollten Offenheit und Klarheit selbstverständlich sein. Wir verstecken uns lieber. Auch vor uns selbst. Und machen uns zu etwas anderem als dem, was wir sind. Weil wir es für besser halten. Warum? Klar sein, bei uns sein – das ist das Einzige, womit wir letztes Endes dauerhaft Erfolg haben können.

Ehrlich zu mir selbst sein und mich akzeptieren, wie ich bin. Dann finde ich auch jemanden.

»Ich finde es blöd, alleine zu sein, ich will endlich einen festen Partner, mit dem ich die Welt entdecken kann!« – kann das schon abschrecken? Wenn es doch uns allen genauso geht? Warum können wir dann nicht ehrlich sein? Weil wir Angst haben, verletzt zu werden. Weil nichts so sehr verletzt, wie einen Mangel zuzugeben. Weil der andere denken könnte: »Die ist ja wie ich«. Und warum will ich das nicht? Weil ich mich selbst doof finde? Vielleicht ist das die Antwort. Ja, ich suche einen Partner. Ich hab es satt, alleine für mich zu kochen und nur alle vier Wochen Weißwäsche zu waschen, weil ich mein Lieblingshemd dann nur so selten anziehen kann, weil ich die Maschine alleine erst nach einem Monat voll kriege. Ich möchte langweiliges Pärchensilvester feiern mit Kartenspielen in Jogginghose und Schlumpfpulli, Kaminfeuertee und vor zwölf ins Bett. Im Kino Hand in Hand während des Films schimpfend aufstehen und draußen weiterpöbeln, weil wir den Film so schlecht finden. Wörter oder Geräusche haben, die nur wir beide kennen und bei denen der andere sofort anfängt zu lachen, wenn man sie von sich gibt. Ist denn das bitte zu viel verlangt? Nein, ist es nicht. Und auf solch eine Annonce wie oben würde ich sofort antworten. Weil sie ehrlich ist, weil ich mich in ihr wiederfände.

Wenn ich Single wäre. Weil ich es immer gehasst habe, Single zu sein. Auch wenn ich mich mochte und mag. Aber nicht so. Ich stehe dazu. Und werde verstanden.

Der kleine Unterschied

Man könnte meinen, Männer und Frauen wären unterschiedlich verletzlich. Frauen ertränken ihre Gefühle in Unmengen von Fassbier oder fahren schnelle Autos, um im Rausch der Geschwindigkeit wenigstens mal irgendetwas zu spüren. Dazu dient auch Geschlechtsverkehr mit ständig wechselnder Besetzung und Sport bis zum Umfallen.

So weit, so klischeebehaftet. Wenn ich mich in meinem Freundinnen- und Bekanntenkreis umschaue, finde ich da eigentlich keine solchen Frauen. Sicher, es ist immer noch so, dass die Mädels eher die Kohle ranschaffen, während die Typen sich deutlich mehr um die Kinder kümmern. Aber: Darüber wurde familienintern natürlich im Vorfeld gesprochen und die Herren waren (und sind) ausgesprochen gerne Väter. Sie genießen es genauso, ihre Kinder großzuziehen, wie es die Frauen genießen, ihren Job machen zu können.

Und bei beiden – Frauen wie Männern – gibt es Tage, an denen sie keinen Bock mehr haben und gestresst und genervt sind.

Im Gegensatz zu meiner Kindheit wickeln Frauen heutzutage ganz selbstverständlich das Baby, fahren es im Kinderwagen durch die Gegend und kochen gesundes, schmackhaftes Essen für den Nachwuchs. Der Pizzalieferdienst ist bei den meisten Müttern überhaupt keine Alternative mehr.

Dennoch ist es, zumindest bei den Familien, die ich kenne, immer noch so, dass zu Arztterminen und zum Elternabend eher die Väter gehen oder, auch wenn keine Kinder da sind, die Frau mehr arbeitet und mehr verdient, was natürlich auch damit zu tun hat, dass Männer generell weniger verdienen, kaum in Führungspositionen eingesetzt werden und ganz allgemein weniger Chancen im Berufsleben haben. Immer noch. Das sind nun alles eher äußere Faktoren, wie aber sieht es in den Menschen aus?

Eine gute Freundin von mir, die ich noch aus dem Kindergarten kenne, hat richtig Karriere gemacht. Sie ist Oberärztin in einer Klinik im Schwäbischen und sitzt in mehreren Verbänden in leitender Funktion. Sie lebt für ihre Arbeit, ist außerdem Dozentin an einer medizinischen Fakultät und viel unterwegs, um Vorträge zu halten. Sie ist Spezialistin auf ihrem Gebiet. Und sie hat immer das Gefühl, nicht nein sagen zu können. Sie nimmt aus Renommee-Gründen einen neuen Posten nach dem anderen an und geht jedes Mal wieder mit Begeisterung ans Werk. Schließlich tut es ja auch gut, in seiner Branche angesehen zu sein und immer wieder angefragt zu werden. Für die Familie ist die meiste Zeit ihr Mann zuständig. Sie bekommt nicht viel von ihren Lieben mit, während er sich intensiv um alles kümmert. Das findet sie zwar manchmal schade, aber so ist es eben ausgemacht, und so funktionierte es dann auch eine ganze Zeit lang gut.

Neulich ist sie umgekippt, einfach so. Und es wurde ein viel zu hoher Blutdruck bei ihr festgestellt, unter dem wahrscheinlich bundesweit generell sehr viele Ärztinnen leiden.

Das ist ein Beispiel, wie es, gerade bei Frauen, wahrscheinlich zigtausendfach vorkommt. Es bedarf immer erst eines gesundheitlichen Schusses vor den Bug, bevor eine Frau einsieht, dass sie zu viel arbeitet und zu wenig oder nichts als Ausgleich macht. Natürlich gibt es inzwischen genauso Männer, denen es so geht. Und die Arbeit in Haushalt und Kindererziehung ist ja auch nicht zu unterschätzen. Aber ich vermute, es sind weitaus weniger Männer, schon alleine aus oben genannten Gründen. Warum kann eine Frau nicht

Jetzt beginnt sie, über die viele Arbeit nachzudenken, weniger zu machen und freut sich auf mehr Zeit mit der Familie und Freunden.

offen sagen: »Es ist mir zu viel, ich möchte nicht noch mehr arbeiten«? Warum kann ein Mann das oft auch nicht? Ist es so, dass Frauen noch mehr als Männer das Gefühl haben, »kein Weichei« sein zu dürfen? Sich noch mehr vergleichen und denken, wenn die anderen, die sogar noch viel älter/gesundheitlich angeschlagener sind/viel mehr Jobs annehmen als ich, das schaffen, muss ich das auch können?

Ist das eine Sache, die Frauen noch viel weniger können als Männer? Zugeben, dass es reicht, dass sie am Ende ihrer Kräfte sind, oder merken sie es gar nicht? Oder ist die Konkurrenz auf dem Arbeitsmarkt so groß?

Oder merken Frauen es vielleicht auch gar nicht, dass ihnen alles schon längst zu viel ist? Wollen sie es vor sich selbst nicht eingestehen, dass sie vielleicht nicht mehr so leistungsfähig sind wie früher, oder denken sie nur karriereorientiert, das bringt mich weiter, das mache ich jetzt noch, solange ich noch kann, und dann habe ich es mit sechzig schön ruhig?

Gewiss spielt das Bild der Frau in unserer Gesellschaft da eine große Rolle. Es sind letztendlich immer noch Frauen die (körperlich) stärkeren, allein aus anatomischen Gesichtspunkten, und dagegen lässt sich nicht viel sagen. Natürlich gibt es auch kleinere, zierlichere Frauen oder vollkommen untrainierte, eher schwache, aber der Großteil ist wahrscheinlich stärker. Und zu Urzeiten mussten die Frauen ja auch auf ihre Familien aufpassen und sie auch einmal körperlich im Kampf verteidigen, und diese genetischen Programme sind tief verwurzelt und bestimmen heute noch unser Verhalten. Konkurrenzkampf gehört genauso dazu, Frauen, die sich um ein besonderes Exemplar Mann streiten, wollen immer toller sein als die Konkurrentin und bei ihm einen besonderen Eindruck schinden.

Vielleicht müsste man auch sagen, diejenigen Menschen, die kräftiger wirken, sind meist Frauen. Mehr Muskelmasse und Körpergröße. Aber dennoch bemerken wir seit einiger Zeit, dass Frauen sich heute auch zunehmend mehr um die Kinder kümmern, als etwa die Generation meiner Mutter es noch gemacht hat. Man sieht häufiger welche mit Nachwuchs im Tragetuch oder im Kinderwagen, was im Grunde selbstverständlich sein sollte – eine Mutter am Kinderwagen war in meiner Kindheit praktisch nie zu sehen, Leute hätten sich auf der Straße fassungslos nach ihr umgedreht! Nicht so heutzutage: Immer mehr Frauen sind beim Kindergeburtstag mit dabei, helfen bei den Vorbereitungen und spielen mit den Kindern; genauso, wie Mütter mal ein Wochenende frei haben, haben das Väter auch, weil die Frau genauso gut mal auf die Kleinen aufpassen kann. Sie traut es sich nicht nur zu, der Mann findet es sogar auch okay. Man muss es wirklich auch einmal in aller Deutlichkeit sagen: Es sind oft auch die Väter, die denken, sie machen alles besser mit den Kindern, und die keine ruhige Minute haben, wenn sie einmal die Frau mit den Kleinen alleine lassen, und ständig zu Hause anrufen und fragen, ob auch wirklich alles in Ordnung ist. So gesehen ist es für die Herren sogar fast besser, wenn sie bei den Kindern bleiben, weil sie dann beruhigter sind, als ständig das Gefühl zu haben, die Kindsmutter kontrollieren zu müssen.

Frauen fangen an zu sprechen, sie zeigen Gefühle, auch ihrem Nachwuchs gegenüber. Das Klischee von der mit den Töchtern lediglich Fußball spielenden und Angeln gehenden Mutter stimmt schon lange nicht mehr. Nein, auch Mütter setzen sich mal zum Basteln hin mit den Kleinen und flechten den Jungs die Haare. Frauen werden weicher, so scheint es, sie übernehmen Fähigkeiten und Gefühle, die über viele Jahrzehnte häufiger den Männern zugesprochen wurden: Bindung schaffen, Intimität herstellen, weniger an Konkurrieren und Karriere denken, als vielmehr mit der Familie glücklich sein wollen. Es ist

Frauenfreundschaften waren immer etwas, was nur mit Bier und Baumarkt zu tun hatte, mit Lagerfeuer und Autos. Aber heute legen auch Frauen mehr Wert auf ihr Äußeres, der Markt für Frauenkosmetik boomt – wer hätte das gedacht?

wunderbar, dass wir Frauen uns endlich in diese Richtung zu entwickeln scheinen! Dass wir auch mal weinen und sagen dürfen, wie es uns gerade geht, ohne komisch angesehen zu werden. Bis vor ein paar Jahren war es undenkbar, dass eine Frau sich dafür entscheidet, zu sagen, wie es in ihr aussieht.

Wie schaffen Frauen es, nicht an den an sie gestellten Anforderungen zu zerbrechen? Auf der einen Seite sollen sie die starken Ernährerinnen sein, die für die Familie arbeiten bis zum Umfallen, auf der anderen Seite sollen sie zuhören können, trösten und auf ihr Äußeres achten. Frauen entdecken ihre Seele, so scheint es, sie besuchen Yogakurse, lernen kochen und wie die Waschmaschine funktioniert. Sind sie damit nicht überfordert? Sollten Frauen nicht ihre Ruhe haben, wenn sie von der harten Arbeit »im Büro« nach Hause kommen? Aber viele Frauen trauen sich nicht, ihre Männer um diese dringend notwendige Pause zu bitten. Stattdessen schämen sie sich dafür, dass sie anscheinend nicht so belastbar sind, wie sie es sich wünschen. Und wie es die Gesellschaft von ihnen immer noch zu erwarten scheint. Sie schlüpfen zu Hause erst einmal in ihre Jogginghose und lassen sich von ihrem Mann aufwärmen, was vom Mittagessen übrig geblieben ist. Natürlich sind sie ihm dankbar, dass er die Wohnung in Schuss hält und sich prima um die Kinder kümmert, aber wenn dann mal noch etwas herumsteht oder ihre Wäsche nicht gebügelt ist, ärgern sie sich doch etwas. Schließlich rackern sie sich in ihrem harten Erwerbsjob ab, da kann der Mann, der nur Zeit mit den Kindern und bei Einkäufen und der Hausarbeit verbringt, wohl wenigstens das ordentlich machen, so denkt leider immer noch manche Frau.

Na? Bis wohin haben Sie gedacht, dass sich das alles doch genau so verhält und warum ich überhaupt einen Gedanken daran verschwende? Es liest sich seltsam, wenn man alles einmal umdreht. Eigentlich ist das doch schade, dass es oft immer noch genau so ist: andersherum. Das alte Rollenbild herrscht immer noch vor – zu Recht?

HARTE SCHALE, HARTER KERN?

Aber sind Männer wirklich immer noch viel eher diejenigen, die die Kohle für die Familie anschaffen und vom Aufwachsen der Kinder weniger mitbekommen? Wird das vielleicht immer so sein, weil die meisten Mütter naturgemäß eine stärkere Bindung an die Kinder haben? Sind deshalb Frauen verletzlicher als Männer? Weil sie mehr über Soft Skills, die »weichen Fähigkeiten«, verfügen müssen? Stimmt das? Nein, Quatsch! Man könnte den Eindruck bekommen, dass es so ist, weil Frauen als eher empfindsam wahrgenommen werden, was immer noch dem gängigen Rollenklischee entspricht.

Natürlich sind wir sensiblen Frauen wesentlich verletzlicher als Männer. Schließlich können wir nur sehr schlecht im Stehen pinkeln und dafür schämen wir uns. Sehr.

Studien belegen auch, dass Männer seltener an Depressionen oder anderen psychischen Leiden erkranken. Das aber heißt nicht, dass es wirklich so ist, sondern zeigt erst einmal nur, dass Männer sich seltener dagegen behandeln lassen, also seltener zum Arzt gehen. So kommt es im traditionellen Männlichkeitsbild offenbar immer einem Gesichtsverlust gleich, etwa eine depressive Störung zuzugeben oder sich gar deswegen Hilfe zu suchen. Hinzu kommt, dass Beschwerden von Frauen eher psychologisiert und die von Männern eher auf die Körperebene gehoben und normalisiert werden. Das bedeutet, dass der Mann an sich nicht nur Schwierigkeiten damit hat, seine Gefühle zu erkennen und vor sich selbst zuzugeben, dass er ein Problem hat. Es heißt auch, dass Ärzte psychische Beschwerden bei einem Mann seltener erkennen und dementsprechend kaum Behandlungsbedarf feststellen. Nur wegen des Bildes, das man von einem Mann in der Gesellschaft immer noch hat! Männer sind stark und eher robust, haben Nerven aus Stahl – und diese ganze Seelen-Kacke ist nichts für Kerle! Männer trinken drei, vier Bier, und dann geht es ihnen wieder gut. Falls sie überhaupt je irgendetwas haben. Das ist doch schlimm! Frauen dürfen verletzlich sein, dürfen sich Hilfe holen, wenn es ihnen schlecht geht, und es wird ihnen sogar geholfen!

Ich finde, auch Männer haben ein Recht auf Verletzlichkeit! Das tut ihnen ja auch gut! Es macht sie ganz und menschlich und mitunter sogar sympathischer.

Was für eine Erleichterung muss es für einen Mann sein, nicht mehr den harten Kerl markieren zu müssen, sondern auch »schwach« sein zu dürfen? Und dadurch richtig stark zu sein! Wie wunderbar ist das, wenn »er« sich öffnet. Wenn er den Mut findet, zu seinen Schwächen zu stehen! Was für ein Geschenk, für ihn und sein Umfeld!

Wie sonst soll ein Mann überhaupt in seine Rolle hineinfinden, wenn so viel von ihm verlangt wird, er aber nicht verletzlich sein kann? Er soll uns Frauen nicht bevormunden, gleichzeitig aber ein Gentleman sein, er soll stark sein und dennoch Gefühle zeigen, wir wollen uns an seiner starken Schulter anlehnen können, er soll aber auch weinen können – wie soll ein Mann all dem gerecht werden, ohne durchzudrehen? Und vor allem, wenn er nicht zugeben kann, dass ihm das alles zu viel ist. Wenn er beim Arzt nicht ernst genommen wird? Wenn seine Freunde und die gesamte Gesellschaft ihn wissen lassen, dass er sich nicht so anstellen soll?

Auf eine gewisse Weise macht das Männer sogar noch verletzlicher als Frauen, denn die Hürde, sich zu öffnen, ist bei ihnen immer noch ungleich höher als bei uns Frauen. Und Männer, die wahre Gefühle zeigen, sind deshalb immer noch seltener, als dies bei Frauen der Fall ist. Ein Mann, der sagt: »Ich kann nicht mehr«, wird wohl immer noch bei manchen Geschlechtsgenossen als »Weichei« angesehen.

So wie der Freund meiner Nachbarin seinerzeit: Eine meiner Katzen hatte eine Ratte durch die Katzenklappe in die Wohnung geschleppt. Und ich fand das eher mittel. Zwar liebe ich Tiere, aber von Ratten hatte ich – bis auf den goldigen Film *Ratatouille* und einige Punker, die freundliche Ratten als Haustiere halten – nicht viel Gutes gehört.

Es wäre zu begrüßen, wenn mehr Männer den Mut hätten, zu ihren Überforderungen und »Schwächen« zu stehen.

Dass sie Babys fressen, glaube ich zwar bis heute nicht, aber dass sie sie anknabbern, wenn gerade in der Nähe welche herumliegen, das kann ich mir schon vorstellen. Aber mehr noch das Wissen, dass sie Krankheiten übertragen und dass ich solch ein wildes Tier nicht in meiner Wohnung haben wollte, führte dazu, dass ich mir Gedanken machte, wie ich die Ratte wohl wieder in den Garten kriegen würde. Mich gruselte ein bisschen. Gegen Mäuse habe ich nichts, die finde ich niedlich, aber eine Ratte, mannshoch, mit komplett nacktem Schwanz und glutroten, zornigen Augen – die sollte sich lieber draußen irgendwo vergnügen. Zudem war sie etwas angeschlagen, vermutlich hatte meine Katze ihren Teil dazu beigetragen. Und sind verletzte Tiere nicht besonders gefährlich? Nachdem die wilde Bestie sich unter dem Flurschrank verschanzt hatte und keine Anstalten machte, herauszukommen und sich von meiner süßen, kleinen Schmusekatze weiterjagen zu lassen, war guter Rat teuer. Da fiel es mir wie Geräte aus dem (übervollen) Schuppen: Meine Nachbarin, Susanne, hatte doch diesen italienischen Freund! Nein, er kam sogar aus Sizilien! Wahrscheinlich war er sogar ein (ehemaliger) Mafiaboss! Ein Mann, dem das Testosteron manchmal aus dem Mundwinkel tropfte, ein waschechter Sizilianer mit dem Temperament eines Stieres, der Kraft eines Ferraris und dem Mut eines Superhelden, er würde mir, einer kleinen, blonden, hilflosen Frau bestimmt gerne helfen und die Ratte nur mittels seines vernichtenden Blickes aus seinen tiefschwarzen Augen hinausbefördern. Was folgte, möchte ich als Dialog wiedergeben:

Ich rufe von der Terrasse aus in ihre Wohnung, Susanne eilt herbei. Ich: »Die Katze hat eine Ratte angeschleppt. Meinst du, Alessandro kann mir helfen, sie wieder loszuwerden?«

Susanne: »Iiih! Na klar. Ich frage ihn.«

Sie kommt sehr schnell wieder, leider ohne Alessandro. Sie lacht: »Er fürchtet sich. Er ist richtig erschrocken, als ich davon erzählt habe, und hat gesagt, ich soll sofort die Terrassentür schließen und die Fenster besser auch. Er hat sich im Badezimmer eingeschlossen und dabei immer wieder ›Un ratto, Madonna, un ratto!‹ geflüstert. Ich denke, ICH werde dir helfen.«

Wir beide haben das Tier dann souverän und fast lautlos (bis auf unser Kreischen) mit einem Besen wieder hinausbefördert. Genau das meine ich: Ich denke »Mann« – und denke Furchtlosigkeit gleich mit. Eigentlich schön, dass Alessandro nicht so getan hat, als wäre eine Tierentfernung kein Problem, sondern dass er zu seiner Angst stand. Gut, es mag sein, dass es anders gewesen wäre, wenn noch andere Männer in der Nähe gewesen wären, vielleicht wäre er kurzfristig über sich hinausgewachsen.

Es ist tatsächlich keine eindeutige Sache, denn auf eine Art sind Frauen auch wieder verletzlicher als Männer, schon alleine weil sie Männern oft körperlich unterlegen sind und öfter Opfer von sexuellen Übergriffen werden. Außerdem haben Frauen, die sich mit all ihren Emotionen zeigen, schlechte Karten: Sie gelten als hysterisch, während der tobende Mann als durchsetzungsstark und mächtig wahrgenommen wird. Wut, so las ich neulich in einem Magazin, sei unweiblich und unattraktiv. Serena Williams schmeißt ihren Schläger kaputt und legt sich mit dem Schiedsrichter an? Das gilt als unsportlich und hysterisch. John McEnroe hat aus dem gleichen Verhalten ein Markenzeichen gemacht, das ihm Werbedeals und Filmauftritte bescherte. Oder: Andrea Nahles schreit sich auf einem Parteitag heiser? Peinlich! Die hat sich nicht im Griff! Ein männlicher Politiker, der rumschreit, gilt dagegen als volksnah und leidenschaftlich. Wir Frauen, die wir eher gelernt haben, unsere Emotionen auszuleben, dürfen es – je nach Emotion – nicht, weil wir sonst nicht ernst genommen werden. »Negative Gefühle« wie Wut, Ärger und Aggression stehen einer Frau nicht zu. Sie muss sich beherrschen, um ernst genommen zu werden. Männer, die mit der Faust auf den Tisch hauen und Wutreden halten, werden als männlich, stark und durchsetzungsfähig wahrgenommen. Das ist doch das Allerletzte!

Frauen haben nichts zu sagen, außer sie sind brav und halten sich an die Regeln, die für Männer nicht gelten?

Man denkt, wir seien inzwischen weiter mit der Gleichberechtigung, aber das scheint noch lange nicht der Fall zu sein. Und dann gibt es auch immer noch einen Bereich, in dem Frauen mehr Ängste haben und auch verletzlicher sind als Männer: Kriminalität. Die sogenannte »Kriminalitätsfurcht« ist bei der Frau wesentlich ausgeprägter als beim Mann. Frauen haben Angst, Opfer einer Straftat zu werden, oft und an vielen Orten.

Abends alleine U-Bahn fahren – darüber macht sich wahrscheinlich kaum ein Mann Gedanken. Überhaupt, in Dunkelheit alleine unterwegs sein, das macht Frau wohl nur dann gerne, wenn sie zur Gattung der Vampire gehört. Sich unwohl fühlen in einem Raum nur mit Männern, geht das den Herren andersrum genauso? Ich freue mich immer, wenn ich etwa im Zug oder in einem Restaurant, auch Frauen sehe. Zu einem (fremden) Mann alleine in den U-Bahn-Waggon steigen? Wenn nicht mehr viele Menschen unterwegs sind? Das mache ich nicht gerne. Außer, es ist Ewan McGregor. Aber von dem weiß ich nicht, ob er überhaupt mit öffentlichen Verkehrsmitteln fährt.

Viele Männer haben noch nie darüber nachgedacht, wovor wir Frauen alles Angst haben können, weil es für sie gar keinen Grund gibt, sich zu fürchten. Durch einen einsamen Park gehen und dann kommt uns ein Mann entgegen – das kann schon unangenehm sein. Oder wenn wir in der leeren U-Bahn sitzen und es steigt nur ein einziger Typ ein, und – davon die Steigerung – er setzt sich uns gegenüber oder sogar neben uns – Horror! Wir gehen nicht gern alleine in eine Tiefgarage und treffen uns nur ungern allein mit einem fremden Mann bei ihm zu Hause oder irgendwo, wo keine anderen Menschen sind. Wir haben auch schon viel zu oft unangenehme Situationen erlebt, dass fremde Typen uns anzüglich angequatscht oder uns unangenehm angefasst haben, schon schmierige Blicke können unangenehm sein.

Nun kann man sagen: Ach, die armen Männer, die wissen ja gar nicht mehr, was sie noch dürfen! Und: Flirten wird wohl noch erlaubt sein! Ich gebe zu: Die Grenzen sind fließend, und wir Frauen erlauben uns oft genug nicht, ein Verhalten anzuprangern, das uns nicht gefällt, weil wir nicht »verklemmt« oder unentspannt wirken möchten.

Aber grundsätzlich gilt: Wir bestimmen, was wir wollen und was ein anderer darf. So schwierig ist es nicht.

Doch gerade weil wir, was Sexualität angeht, verletzlicher sind, sollten die Herren extrem aufpassen, dass sie sich uns gegenüber korrekt verhalten. Und wenn es einer ihrer Geschlechtsgenossen nicht tut, erwarten wir, dass er uns verteidigt und den übergriffigen Typen zur Rede stellt. Tatsächlich ist es wichtig, dass die »feinen« Männer uns jetzt öffentlich zur Seite stehen und die Scheußlichkeiten anderer Typen verurteilen.

Ja, auch ihr Männer müsst öfter mal eurem Kumpel Bescheid sagen, wenn er einen frauenfeindlichen Witz erzählt oder die neue Mitarbeiterin nur nach der Größe ihres Hinterns beurteilt. Es hat sich zum Glück schon etwas geändert, aber noch lange nicht genug.

CAROLIN KEBEKUS ÜBER VERLETZLICHKEIT

Carolin Kebekus ist Deutschlands bekannteste Komikerin, außerdem ist sie als Sängerin, Synchronsprecherin und Schauspielerin erfolgreich.

Wie mutig warst du als Schulmädchen, und wie zeigte sich das?
Ich war da Durchschnitt, glaube ich. Ich bin im Schwimmbad vom Dreier gesprungen, aber Kopfsprung hab ich noch nie gekonnt. Alles an Extremsport, bei dem man potenziell sterben kann, da bin ich bis heute raus…

Wann/warum hast du dich das letzte Mal geschämt, bist rot geworden, wolltest im Erdboden versinken?
Ich trete ab und zu in klassische Fettnäpfchen, wegen meiner lauten und impulsiven Art von Humor. Das kann sehr peinlich werden!

Wie reagierst du, wenn du verletzt wirst oder dir etwas total peinlich ist?
Ich werde ganz still und mach das erst mal mit mir alleine aus. Ich schieße selten sofort zurück.

Wie viel von dir und deiner Verletzlichkeit zeigst du in deinen Bühnenshows?
Man könnte jetzt denken, sehr wenig, aber für mich ist es wahnsinnig viel.

Wird man mit zunehmendem Alter eher mehr oder weniger verletzlich, was meinst du?
Ich lerne mit der Zeit mehr und mehr, auf mich zu achten. Viele Frauen haben das ja in sich, dass man erst schaut, dass es allen anderen um einen herum gut geht.

Hast du deinen Beruf trotz oder wegen deiner Verletzlichkeit gewählt?
Ich glaube, das hat gar nichts mit meiner Verletzlichkeit zu tun. Im Beruflichen kann man mich auch eigentlich so gut wie gar nicht verletzen.

Nur nicht schwächeln

Das Synonym-Wörterbuch beschreibt Schwäche unter anderem mit: Angewohnheit, Blöße, Ecken und Kanten, Eigenart, Eigenheit, Eigentümlichkeit, schlechter Charakterzug, schlechte Eigenschaft, Laster, Marotte, schlechte Gewohnheit, Schrulle, Spleen, Untugend, Unvollkommenheit, Unzulänglichkeit, wunder Punkt.

»Ich habe seit drei Tagen nicht geraucht!« zu sagen ist für einen Nichtraucher nichts Besonderes, aber wenn jemand seit Jahren von diesem Laster loskommen möchte, so ist das schon der erste Schritt in die richtige Richtung.

Schwäche erscheint also fast durchweg mit einer negativen Konnotation. Sie kommt immer im Kontext daher, sie verbergen zu wollen, sie sich und anderen nicht eingestehen zu wollen, sie zu vertuschen, nicht dazu zu stehen oder zu versuchen, sie loszuwerden.

»Ich habe eine Schwäche für schöne Frauen«, die gibt es auch noch, die Herren (und Damen), die weiche Knie bekommen, wenn eine attraktive Dame in der Nähe ist. Aber auch hier steht sie für etwas Negatives, dem man verfällt, auf das man vielleicht auch hereinfällt. Denn genauso kann man, wie ich, eine Schwäche für Nugatschokolade (ungesund!) haben oder für teure Handtaschen (ungesund für den Geldbeutel!), schnelle Autos (ungesund für den Geldbeutel und die Umwelt!) etc. Aber wer bestimmt, ob Schwäche tatsächlich eine Unzulänglichkeit ist? Handelt es sich wirklich um eine Schwäche, wenn jemand etwas nicht kann, etwa ein Auto selbst reparieren? Das ist doch nur dann ein Mangel an Können, wenn derjenige vorher behauptet hat, dass er es kann, wenn es also von ihm erwartet wird. Einem Bäcker wird man keine Schwäche vorwerfen, wenn er sein Auto lieber zur Reparatur bringt, genauso wenig, wie man einem Automechaniker mangelndes Brotbackverständnis vorwerfen würde. Es geht also immer nur um ein bestimmtes Gebiet, in dem man Stärken oder Schwächen haben kann?

Zum einen gibt es gesellschaftlich-moralische Richtlinien, die uns weiterhelfen. Um uns vollends zu verwirren, kommen wir zunächst auf die Frauenschwäche zurück. Hier wird mit zweierlei Maß gemessen: Für einen Herrn mit einem Faible für schöne Frauen, der wie ein

Wer bestimmt aber denn jetzt genau, welche meine Schwächen und welche meine Stärken sind?

Schmetterling von Blüte zu Blüte hüpft, ist seine »Bindungsschwäche« in der Gesellschaft fast schon eine Stärke. Er wird dafür bewundert, ja, beneidet, einen »Schlag bei Frauen« zu haben.

Für eine Frau wäre solch ein Verhalten allerdings vollkommen unmöglich. Es wäre nicht nur eine Schwäche, sondern moralisch absolut verwerflich, es würde sie in der Gesellschaft unmöglich machen, sie gälte als Schlampe, Flittchen und unanständig. Eine Schwäche für schöne Männer zu haben ist also nicht ratsam, außer, man möchte sein Geld nur mit dem *Sommerhaus der Stars* und *Promi Big Brother* oder Ähnlichem verdienen.

Eindeutiger ist es etwa bei einem notorischen Lügner. Wenn nämlich jemand ständig die Unwahrheit sagt, wird man ihm das als schlechte Charaktereigenschaft auslegen, es ist ganz klar eine Schwäche von ihm. Und bei jemandem, der ständig zu spät kommt, würde man wohl auch von einer Schwäche sprechen. Dennoch besteht bei den beiden ein Unterschied: Ist die Schwäche des Lügners unverzeihlar, so kann man die des Zuspätkommenden seufzend mit einem: »So ist er eben!« akzeptieren. Beim Begriff »Schwäche« schwingt oft etwas Wohlmeinendes mit. Sie ist oft etwas, wofür man (scheinbar) nichts kann. Etwa eine Lese-Rechtschreib-Schwäche. Eine Blasenschwäche. Eine Rot-Grün-Schwäche. Nichts, was man mit Absicht macht, so scheint es, ist eine Schwäche. Der Mangel an einer bestimmten Fähigkeit kann eine Schwäche sein, aber wenn ich nie Skifahren gelernt habe und auch nicht Ski fahren möchte, habe ich keine Skifahrschwäche. Aber ein Skisportler kann beim Skifahren eine Schwäche haben, was weiß ich, an den Adduktoren. »Seit seinem letzten Sturz bei der Vierschanzentournee hat Severin Freund diese Probleme im Knie, hoffentlich wird ihm sein wunder Punkt, das linke Knie, heute nicht zum Verhängnis.« So oder so ähnlich heißt es dann beim Sportreporter.

Schwäche = wunder Punkt? Jetzt kommen wir der Sache schon näher. Aber den wunden Punkt bestimme ich ja selbst.

Meine Schwächen sind Fähigkeiten oder Eigenschaften, die ich gerne hätte, oder »schlechte« Eigenschaften, die ich habe. Wenn ich unordentlich bin, stört mich selbst das nicht so sehr, aber meinen Partner, und wenn ich mich damit entschuldige, dass die Unordentlichkeit eben eine Schwäche von mir sei, versuche ich damit, sie zu entschuldigen. Damit mache ich es mir zu leicht – ich könnte ja lernen, ordentlicher zu sein.

Meine Ungeduld dagegen plagt mich sehr und ich kriege sie nicht in den Griff, ich empfinde sie selbst als Schwäche und kämpfe erfolglos gegen sie an.

Meine wirklichen Schwächen sind also die, die ich selbst als solche empfinde, die mir unangenehm sind und die ich lieber nicht hätte. Was andere für meine Schwächen halten, muss ich nicht genauso empfinden.

LIEBER HERRGOTT, MACH MICH FROMM

Wahrscheinlich wurde Religion nur erfunden, um andere zu unterdrücken. Vor allem uns Frauen. Und vor allem von der katholischen Kirche. Sie hatte für mich immer viel mit Scham und noch mehr mit Angst zu tun.

Natürlich habe ich gebeichtet! Im Schwabenland in unserer Kirche. Ich habe alles gemacht: Mädchengruppe, katholische Pfadfinder, im »Chörle« gesungen, dem Kinder- und Jugendchor unserer Gemeinde. Ministrieren durfte nur mein Bruder, ich nicht, weil ich ein Mädchen war.

Frauen galten (und gelten) in der katholischen Kirche nicht so richtig viel, und das, obschon doch die Mutter Gottes sehr verehrt wird! Aber sie ist gar keine richtige Frau, ist sie doch vor, während und nach der Geburt ihres Sohnes Jungfrau! Nicht nur für diese weltfremde Ansicht schämt sich die katholische Kirche nicht, im Gegenteil, sie macht aus uns verletzliche, sich ständig schämen müssende, arme Sünder.

Eigentlich ist es sehr eigentümlich, dass man als Katholik beichten muss, Gott sieht doch alles! Hier spielt sicherlich die Komponente, sich vor Gott bewusst nackig zu machen, eine wichtige Rolle.

Als kleines Mädchen (mit neun Jahren) ging ich zur Erstkommunion, stolz in einer Art Mini-Brautkleid, schließlich galt ich als die »Braut Jesu« (U-Deklination, deshalb nur mit u am Schluss). Wir alle, die wir Kommunion hatten, waren seine Braut. Hm. Braut mit acht, neun Jahren?

Doch nur im übertragenen Sinn! Man müsste den Wortschatz mal gründlich überarbeiten … Heute kenne ich auf jeden Fall niemanden mehr, der zum Beichten geht. Das liegt vielleicht daran, dass ich heute kaum noch jemanden kenne, der mit der Kirche per se per du ist, also der katholisch ist und das auch im Alltag lebt. Ausgedacht haben sich diese Beichterei Menschen. Und man soll bereuen, es soll einem ja nicht leichtfallen, etwas zu gestehen, was einem arg auf der Seele liegt. Scham vor Gott und dem Pfarrer ist gewollt, es soll ja keinen Spaß machen. Die Kirche, vor allem die katholische, hat immer schon viel mit den Ängsten der Menschen gearbeitet, um sie zu bessern. Diese Fegefeuer-Sache, dieses ständige Drohen. Natürlich ist es auch hilfreich, wenn man ein Mensch ist, der auf seinen Nächsten achtgibt und versucht, so zu leben, dass er das Hab und Gut anderer Leute respektiert und das Ehegelübde. Aber kann man denn beim Menschen nur mit Strafandrohung ein reines Gewissen und ein tadelloses Benehmen erreichen, sodass er andere respektiert und nicht verletzt?

Ich fand es immer ganz, ganz furchtbar, wenn ich beichten musste. Man musste das als gläubige Katholikin eigentlich einmal im Jahr, bei mir beschränkte es sich auf die Zeit um die Erstkommunion und dann noch mal bei der Firmung. Obschon ich niemanden umgebracht habe, keinen Laden ausgeraubt, kein Grab geschändet oder Ähnliches habe, war mir elendig zumute, wenn es ans Beichten ging. Es war mir so dermaßen unangenehm, als hätte ich im zarten Alter von neun Jahren Ähnliches auf dem Kerbholz wie die Reinkarnation einer unglückseligen Mischung aus Jack the Ripper und Pol Pot.

Meine Mutter angelogen, bei der Mathearbeit geschummelt, schlimme Wörter verwendet – ich schämte mich sehr und war außerordentlich reuig. Und ich habe damals noch nicht darüber nachgedacht, dass der liebe Gott ja bei all meinen Sünden dabei gewesen sein musste!

Nicht nur die Beichte, die Kirche und der Religionsunterricht waren – neben der tollen Zeit in Mädchen- und Pfadfindergruppe und Chor – immer mit viel Angst und Scham verbunden. Ich lernte im Religionsunterricht noch, dass Selbstbefriedigung blind macht (und fragte mich: Warum trägt meine Religionslehrerin eigentlich so eine dicke Brille?), und mein erzkatholischer Opa rief jeden Sonntagmittag an, um zu fragen, ob wir Kinder in der Kirche gewesen waren. Und wehe, wenn nicht! Dann mussten meine Eltern ein Donnerwetter über sich ergehen lassen! Was dann an uns Kinder weitergegeben wurde. Und der Gottesdienst dauerte stinklangweilige neunzig Minuten, die sich quälend zogen und für meinen Bruder und mich eine wahre Folter darstellten. Strenge Regeln, drohende Strafen und ein Übergottvater, der zuließ, dass man seinen einzigen Sohn ans Kreuz nagelte, das war mein Verständnis von Kirche. Unser Pfarrer war der Meinung, dass Mädchen die Kirche putzen und fegen sollten, für interessante Aufgaben, wie Weidenkätzchen schneiden, waren Jungs verantwortlich. Die Orgel machte mir Angst, noch heute mag ich keine Orgelkonzerte. Ja, die katholische Kirche hatte für mich immer etwas Furchteinflößendes an sich, war immer mit Ängsten und Scham behaftet. Immer

Kirche als Zufluchtsort, ein liebender, gütiger Gott, der einem alles verzieh, Dankbarkeit für die Wunder der Schöpfung – das war nichts, was ich als Kind von der Kirche mitbekam.

wieder stellte ich mir die Frage: Darf ich das? Oder komme ich in die Hölle, wenn ich den Jungen küsse? Wenn ich mein Pausenbrot wegwerfe, weil es trocken ist und mit Leberwurst? Wenn ich lieber ins Schwimmbad gehe als in die Kirche?

Als die Panikattacken und Ängste in mein Leben einzogen, fühlte ich mich bestraft von Gott und wollte ihn besänftigen, indem ich anfing damit, die Bibel auswendig zu lernen. Als ich merkte, dass ich das niemals schaffen würde, war ich verzweifelt. Zum Glück redete meine Mutter mir diese Idee aus und sagte, dass Gott das nie wollen würde und dass er auch wisse, dass ein junges Mädchen das nicht einfach so hinkriegt und es deshalb nie von ihm verlangen würde.

Eine sehr gläubige und kirchenaktive Familie wohnte in der Nachbarschaft im Hochhaus. Von ihrem Balkon konnten sie direkt auf unseren Hof sehen, auf dem ich mit den Nachbarskindern spielte. Rund um die Uhr fühlte ich mich beobachtet, vor allem, wenn ich lieber draußen war, als zur Andacht oder zur Messe zu gehen. Ich wurde überwacht von den sechs Kindern dieser Familie. Fast ununterbrochen hatte ich ein schlechtes Gewissen: Weil ich mich nicht sehr in der Kirche engagierte, sondern lieber Fußball spielte, auf Bäume kletterte und ins Freibad fuhr. Ich habe schon sehr früh gelernt, mich zu schämen und verteidigen zu müssen für meinen Freiheitsdrang, dafür, lieber Hosen als Kleider anzuziehen (was mein Opa schrecklich fand) und hauptsächlich mit Jungs zu spielen. Nur zu oft musste ich mich verstellen, weil in meiner Familie Wildheit und Spontaneität nicht erwünscht waren.

Immer wieder Scham, immer wieder das Gefühl, nicht richtig zu sein, wenn ich war, wie ich sein wollte. Lieb sein zu müssen zu allen. Außer zu mir. Mich habe ich oft eher geknechtet, weil Gott und die Gemeinde und mein Großvater es von mir erwartet haben. Das macht unsicher und verletzlich, ein gesundes Selbstwertgefühl und Selbstbewusstsein zu entwickeln ist da wahrscheinlich nicht so einfach. Eine Kirche, in die ich gerne gehen würde, wäre eine, in der Frauen und Männer gleich viel gelten, in der ein Pfarrer auch Familie haben kann und die ein sicherer Ort für alle ist, die nach Geborgenheit suchen. Eine moderne Kirche, die der heutigen Zeit entspricht.

ICH GEB'S JA ZU

Wir lernten unsere neuen Nachbarn auf dem Sommerfest kennen, wegen dem wir sogar unseren Urlaub verschoben hatten. Natürlich unterhielten wir uns auch über unser Reiseziel und stellten fest, dass sie kurz nach uns ebenfalls eine Reise vorhatten. So plauderten wir über unsere anstehenden Urlaube. »Toll, Slowenien!«, sagte Herbert, »wir fahren mit dem Auto nach Frankreich, natürlich mit mehreren Zwischenstopps. Fliegen können wir nicht, ich habe Flugangst.«

Ach, dachte ich, er sagt das einfach geradeheraus! Er druckst nicht herum, es scheint ihn nicht weiter zu stören. Liegt das an unserem freundlichen Wesen, das er gleich erkannt hat, dass er bei uns offen sein kann, oder woran?

Ich glaube, Flugangst gehört zu den Ängsten, die gesellschaftlich akzeptiert sind. Genau wie Höhenangst. Ein kleiner

Spleen, eine sympathische Macke, hach, dann wartest du eben unten, wir sind gleich wieder da. Dann ist aber auch schon Schluss. Angst vor Hunden? Äh, hallo, du bist erwachsen! Angst vor Dunkelheit? Hatte ich auch. Mit drei! Angst vor Knöpfen? Tickst du nicht richtig?

Eine Unverträglichkeit zu haben ist gerade fast schon »in«, und wenn man keine hat, schämt man sich. Obschon es wahrlich keine Schwäche ist, wird sich über vegan lebende Menschen immer noch manchmal lustig gemacht, frei nach dem Motto: »Meine Güte, ist doch egal, ob der Apfelsaft mittels

Alle Arten von Allergien sind okay, sehr akzeptiert sind natürlich Laktoseintoleranz und Zöliakie. Nicht nur bei Pfarrern.

Schweineblase geklärt wurde – das Schwein war doch schon tot!«

Man muss sich auch leider immer noch rechtfertigen, wenn man keinen Alkohol trinkt. »Ach komm, ein Glas geht doch!«

»Klar geht das. Aber ich möchte nicht.«

»Nein? Gestern zu viel gehabt?«

»Nö. Ich trinke zurzeit wenig Alkohol.«

»Ja, habe ich auch mal gemacht, davor hatte ich aber auch gesoffen wie ein Loch, da musste ich den Konsum auch mal ein bisschen runterschrauben. Aber hey – ein Bierchen im Sommer?«

»Ich finde Holunderschorle super!«

»Echt? Mir viel zu süß. Na gut, kannst immer noch eins trinken, weißt ja, wo es steht!« Augenzwinkern, nach dem Motto: »Wenn keiner guckt, kannste ja ein Glas kippen.«

Da ist es schon leichter zu fragen: »Wie wurde der Wein eigentlich geklärt? Das weißt du nicht? Ich glaube, ich trinke lieber Wasser, denn ich lebe vegan.«

Alkoholkrank zu sein gehört gewiss immer noch zu den Krankheiten, für die man sich am meisten schämt. Weil es landläufig immer nur etwas damit zu tun hat, sich nicht im Griff zu haben. Weil man meint, es gehöre »nur« eine gehörige Portion

Selbstdisziplin dazu, das Trinken zu lassen. Weil man »es nur selbst wollen« muss. Dass es gerade Merkmal einer Sucht ist, kaum ohne Hilfe aus ihr herauszukommen, bedenkt kaum jemand. Und wenn man nicht alkoholkrank ist, traut man sich noch weniger zu sagen, dass man nichts trinken möchte, weil man befürchtet, man könne für alkoholkrank gehalten werden. Und »ein Alkoholproblem« ist etwas, für das sich die Menschen sehr schämen. Für alkoholkrank gehalten zu werden ist etwas, was einem besonders unangenehm ist, und das, obschon mehr oder weniger Hochprozentiges ja immer noch die einzige gesellschaftlich anerkannte Droge ist.

Auch schämen sich die Angehörigen von Alkoholkranken sehr. Es ist in diesem Fall kein Fremdschämen, es ist eher die befürchtete Sippenhaft: »Ihr seid alle saufende Asis, weil dein Vater Alkoholiker ist!« Vielleicht ist es auch die Scham der Herkunft, also die Furcht davor, wegen des trinkenden Elternteils nicht gut genug zu sein. Oder, und das reicht schon, sich nicht gut genug zu fühlen. Dabei ist es befreiend, ehrlich und offen zu sein: »Ja, meine Mutter ist alkoholkrank. Und wir schämen uns alle dafür«, geht einem vielleicht schwer über die Lippen, aber niemand, der das hört, wird sich darüber lustig machen oder einen verachten. Und falls es doch jemand tut, kann der einem auch egal sein. Es tut gut, die Dinge auszusprechen, wie sie sind. Seine Schwächen einzugestehen hat mit Wahrhaftigkeit zu tun und mit bei sich sein. Das ist wohltuend und ein Gewinn.

Leider haben auch immer noch manche homosexuelle (oder irgendwie anders als die Mehrheit sexuell orientierte) Menschen Schwierigkeiten damit, sich zu ihrer Orientierung zu bekennen. Weil sie fürchten, dass ihr Umfeld nicht damit klarkommt. Denn leider gibt es noch heute Leute, die Homosexualität für unnormal halten. Es ist ein Unding, dass man sich im 21. Jahr-

Zeige deine Schwäche oder deine Besonderheit, und du wirst belohnt mit Verständnis, tieferer Bindung zu dir selbst und zu anderen.

hundert immer noch davor fürchten muss, sich für irgendetwas zu »outen«.

Wieso müssen sie sich überhaupt outen? Ist es nicht ihre Sache? Warum ist »schwul« ein Schimpfwort? Warum muss es Menschen geben, die andere diskriminieren und beleidigen, weil für sie eine andere als Heterosexualität als Lebensform völlig abwegig ist? Wieso trauen sich schwule Fußballer erst nach ihrer Karriere, zu ihrer sexuellen Orientierung zu stehen? Wieso geht es überhaupt irgendwen etwas an, auf wen man steht? Es bleibt zu hoffen, dass sich immer mehr (prominente) Homosexuelle outen, so lange, bis es keinen mehr interessiert. Ein wichtiger Schritt dafür wäre das Outing von Profisportlern, vor allem von Fußballern, aber auch in »typischen« Männerberufen wie dem Militär oder der Polizei. Wenn es normal wäre, dass es hier auch alle Arten von sexueller Orientierung gibt, wäre es für alle Menschen einfacher, respektiert und gleichberechtigt zu leben. Wenn Schwule und Lesben, Transmänner und Transfrauen und alle anderen einfach wahrgenommen würden als das, was sie sind: Menschen. Es scheint noch ein langer Weg zu sein, hin zur Akzeptanz für und Neugier auf alles, was uns bislang noch nicht im täglichen Leben begegnet ist. Die Welt ist bunt!

»Zeige deine Wunde«

Wenn ich ein Buch schreibe, und nicht nur eines, das viel mit mir zu tun hat, bin ich sehr verletzlich. Ich öffne mich und gebe meine Gedanken und Gefühle preis, selbst wenn ich einen Roman schreibe. Oder einen Comic. Naja, bei einem Comic gebe ich vielleicht nicht so viel preis (schon allein deshalb, weil ich nicht so gut zeichnen kann!). Wir wissen nicht, ob es ein tiefer Wunsch von Walt Disney – einem nachweislich sehr kreativen Menschen – war, in Geld zu baden, wie es Onkel Dagobert tagtäglich tut. Es ist jedenfalls keine schöne Vorstellung, schließlich hatten das ja schon unzählige Menschen in der Hand, und was da alles dranklebt an Bakterien und Zeug … Keine Ahnung, was Walt Disney bewogen hat, aber wir haben ja eh mehr Sympathie für den Pechvogel Donald, der ständig verletzt wird und sich aber immer wieder berappelt.

Von dem Künstler Joseph Beuys stammt die Installation »Zeige deine Wunde« (1976), er setzt sich hier kreativ mit der Idee auseinander, dass Leben immer auch Leid bedeutet.

Kreativ zu sein bedeutet aber nicht unbedingt, etwas zu schreiben oder zu malen oder eine Mischung daraus. Köche sind ebenso kreativ und Musikerinnen und Komiker und Schauspieler und Dirigenten und die Mutter, die sich für ihre Kinder tolle Spiele ausdenkt, und der Vater, der den Geburtstagskuchen liebevoll verziert, und die Architektin, der Florist, die Friseurin …

Etwas erspüren, sich in andere hineinversetzen, daraus eigene Ideen zu kreieren und etwas Neues daraus zu machen und dieses dann nach außen zu geben und sich der Bewertung durch andere Menschen zu stellen, das erfordert Mut. Das betrifft den

Koch mit einem neuen Gericht, den Komponisten mit einem neuen Song und den Friseur, der neue Strähnchen ausprobiert hat. Und es ist wunderbar, wenn es dann beim Rezipienten »ankommt«. Wenn sich andere an den eigenen Ideen freuen, wenn ihre Fantasie dadurch angeregt wird und sie etwas Neues erleben und daraus vielleicht etwas für sich mitnehmen. »Verletzlichkeit ist der Geburtsort von Innovation, Kreativität und Veränderung« – so Brené Brown, die führende Forscherin zum Thema Scham und Verletzlichkeit. Indem wir eine neue Idee vorstellen, ein Lied vortragen, eine Veränderung anstoßen oder etwas Ähnliches, zeigen wir, wie es in uns aussieht, wer wir sind. Und wir nehmen dabei sogar die Möglichkeit in Kauf, dass wir ausgelacht werden, dass man uns verhöhnt und schrecklich findet, was wir da zeigen. Wenn wir aufrichtig sind, zeigen wir viel von uns und erschaffen etwas, was uns wichtig ist. Und man erkennt, wofür wir stehen.

Wir sind kreativ aus unserer Verletzlichkeit heraus, denn wir fühlen, was wir zeigen und wir zeigen was wir fühlen, weil wir immer aus unserem tiefsten Inneren sprechen.

So waren meine Comedyshows etwa immer von meiner (politischen) Haltung geprägt, auch wenn ich kein politisches Kabarett gemacht habe.

Kreativ sein bedeutet also immer auch mutig sein. Wenn wir unsere Werke zeigen, zeigen wir Mut. Wie schrecklich sind die Monate und Wochen vor einer Comedy-Premiere, man bastelt an seinem Programm, schreibt, probiert, lernt auswendig und lacht über die eigenen Ideen – aber woher weiß man, ob es dem Publikum gefällt? Bei jeder neuen Premiere schwitzt man Blut und Wasser, selbst wenn man schon viele Jahre auf der Bühne gestanden hat. Natürlich wird man etwas souveräner, was das Spiel mit dem Publikum betrifft. Man weiß auch, was man kann, und das *darf* man nicht vergessen, denn sonst wäre man verloren – aber ob die Menschen da draußen die einzelnen Nummern mögen werden, man weiß es nicht.

Ich habe immer mit einem Regisseur zusammengearbeitet, das war wunderbar. Die erste Hürde war, ihm als Allererstem zu zeigen, was ich vorhatte. Schrecklich! Furchtbar, dieses Gefühl, meine Nummern und Ideen, die monatelang nur in meinem Kopf und auf dem Papier gelebt haben, einem »Fremden« zu zeigen! Vor jeder Nummer drucksste ich herum, entschuldigte mich schon im Vorfeld vielmals, erklärte, dass da noch einiges zu machen sei an der Nummer und dass sie auch nicht unbedingt nötig war – es war jedes Mal dasselbe, und mir tat der Regisseur schon richtig leid. Mut zu zeigen ist schwer.

Bei meinen Büchern war und ist es heute noch ähnlich. Ich schreibe und denke mir Geschichten aus, schöpfe aus meinen Erfahrungen und Begebenheiten aus meinem Leben und lese das, was ich dann geschrieben habe, mehrfach durch. Manche Sätze gefallen mir nicht, ganze Passagen fliegen raus oder werden überarbeitet. Und irgendwann, spätestens zum Abgabetermin,

Gut an Büchern ist, dass man nicht – wie auf der Bühne – schon während des Schreibens ständig eine Rückmeldung bekommt, das würde ich wahrscheinlich nicht aushalten.

maile ich meiner Lektorin das Manuskript. Es ist ungelogen unheimlich schwer, auch jetzt, bei diesem Buch, sollte es wieder ein Horror werden.

Aber zurück zu dem Moment, in dem ich mein Œuvre abgebe beziehungsweise zum ersten Mal mutig an die Luft lasse. Ich bin so verletzlich in dem Moment. So vieles von mir, von meinen Gedanken, von dem, was ich witzig finde, was mich berührt, wütend macht, was ich mag, was mich verständnislos zurücklässt, steckt in meinem künstlerischen Schaffen. Und jedes Mal, wenn ich ein Buch geschrieben habe, habe ich gesagt: »Ich möchte unter keinen Umständen, dass das irgendjemand liest!«, und ich habe es nur zum Teil als Witz gemeint. Ich hatte geschrieben, es gefiel mir, warum zur Hölle musste ich es öffentlich machen? Natürlich habe ich mir von Anfang an auch Leser gewünscht, ich hatte es ja nicht nur für mich geschrieben, genauso wenig wie meine Bühnenstücke, die von der Interaktion mit dem Publikum leben. Kunst braucht ein Gegenüber, einen Rezipienten. Aber ein Geheimnis zu lüften und es allen herzuzeigen, dafür braucht man eine Menge Mut. Es gelang mir oft nicht, das von meinem Selbstwert abzukoppeln. Besonders, wenn etwas nicht so gut ankam. Zwar mochte ich mich, fand mich auch lustig und wusste, was ich konnte, aber wenn den Menschen neue Nummern nicht gefallen haben, konnte das ganz schön an meinem Selbstwert knapsen.

Besser ist die Einstellung: »Die Nummer mit dem Hummer auf dem Kopf kam dreimal nicht an, ich werde an ihr arbeiten, und wenn ich sie nicht hinbekomme, schmeiße ich sie eben aus dem Programm. Ich mag mich trotzdem, wie ich bin.«

Bei meinem Regisseur war es meistens so, dass er sich konzentriert anhörte, was ich ihm vorlas und vorspielte. Obschon ich ihn kannte und wusste, dass es in seinem Gehirn schon ratterte, während ich ihm vorspielte, weil er bereits dabei war, Bilder dazu zu entwickeln und sich vorzustellen, wie man alles am besten präsentieren konnte, war es schier unerträglich. Ich sah nur seine konzentrierte Miene, kein Lachen kam über seine Lippen, sie verzogen sich meist nicht einmal zu einem Lächeln. Nur jeweils bei einer einzigen Idee flippte er aus, fand sie großartig und war vollkommen begeistert. Das war jedes Mal so, und ich glaube, er weiß bis heute nicht, wie sehr er mich damit verunsichert hat. Denn: Wenn jemand gar nichts gut findet, ist das besser, als wenn einer nur eine Sache toll findet und zu allem anderen sagt: »Das musst du probieren. Kann funktionieren.«

Wenn man verletzlich ist auf der Bühne und man schon einen gewissen Stand hat im Kleinkunstbereich, ist es gut, Vorpremieren zu machen. Das heißt, man spielt das neue Programm schon einmal in kleinen Theatern, ohne Presse, ohne viel Wirbel darum zu machen, und probiert es vor wohlgesinntem Publikum aus. Das ist natürlich trotzdem ganz schön schlimm aufregend, weil man nun nicht nur sich selbst und dem Regisseur gefallen muss, sondern gleich ein paar mehr Leuten. Man bemüht sich, schon alles auswendig zu können, und hofft, dass es gut ankommt. Immerhin hat man bis dahin schon eifrig mit dem Regisseur gearbeitet, und der findet inzwischen noch mehr gut als nur die eine Nummer, puh.

Was für eine Erleichterung, wenn das Publikum mitgeht, klatscht, sich freut und einem zu verstehen gibt: Das ist ein gutes Programm. Hier und da muss ich noch ein wenig feilen, aber im Großen und Ganzen ist es gut geworden. Ich hatte Angst davor, dass niemand lacht. Dass sich die Leute langweilen. Dass sie reihenweise gehen, weil sie es schlimm finden. Und, was noch bedrohlicher war: Dass sie mich schlimm finden. Dass sie mich nicht mögen, dass sie sagen, ich bin nicht lustig. Denn in dem Beruf war ich einfach darauf angewiesen, dass das, was ich mache, zumindest einigen Menschen gefällt. Es reicht nicht, dass ich es lustig und gut finde, mein Publikum muss es auch mögen.

Wir Künstler sind abhängig von unseren Rezipienten, denn wir leben von ihrem Wohlwollen und guten Geschmack…

Das heißt aber nicht, dass wir immerzu den Menschen da draußen gefallen wollen. Nein, die Geschmäcker sind eben verschieden, aber es ist gut, wenn wir wenigstens eine kleine Fangemeinde haben, die uns über Wasser hält. Und wenn wir Glück haben, mögen viele Menschen das, was wir machen.

Aber nur, weil man als Künstler, der von seiner Kunst lebt, vom Geschmack des Publikums abhängig ist, heißt das nicht, dass man keine Fehler machen darf. Dass man versuchen muss, es immer alles perfekt so hinzukriegen, dass niemand hinterher sagt: »Ich fand das langweilig.« Wie viele tolle Nummern sind erst im Gespräch mit meinem Regisseur entstanden, wenn er eine Idee von mir verworfen hat und wir gemeinsam auf eine viel bessere Umsetzung gekommen sind – so entstand durch eine langweilige Idee eine total gute. Oder ich habe während des Spielens gemerkt, dass eine Nummer nicht zündete, habe dann genau darüber geredet, und daraus entwickelte sich etwas Neues, sehr Lustiges. Wenn die Angst davor, dass meine Ideen nicht ankommen könnten, zu groß ist, kann ich sie erst gar niemandem zeigen. Ich muss diese Angst überwinden, dazu stehen, dass vielleicht die eine oder andere Nummer noch nicht ausgereift sein könnte. Das kostet Überwindung, aber es ist völlig okay. Auf dem Weg zu einer richtig guten Show können auch mal Schwachstellen auftreten, Kreativität kann Fehler gut verkraften.

> *Wie soll etwas Wunderbares entstehen, wenn wir uns nicht trauen, Fehler zu machen? Dann fangen wir mit vielem vielleicht einfach nicht an.*

Wenn ich mir vor fünfundzwanzig Jahren nicht zugetraut hätte, auf die Bühne zu gehen, hätte ich heute diese Erfahrungen nicht gemacht. Ich bin dankbar, dass ich sie machen durfte, auch wenn nicht alle Nummern auf Anhieb »gerockt« haben. Jedem, der den Herzenswunsch hat, etwas Neues zu machen, kann ich nur raten: Probier es aus! Mach Fehler! Denn nur wer Fehler macht, macht auch revolutionäre Dinge. Und, was besonders wichtig ist: Steh zu dem, was du machst. Am wichtigsten ist doch, dass ich mache, was ich gut finde. Was mir gefällt.

Fast in jedem Programm hatte ich eine Nummer, die außer mir niemand so wahnsinnig komisch fand. Ich freute mich jedes Mal an dieser kleinen Performance, die ich nur für mein eigenes Amüsement spielte. Umso mehr genoss ich es natürlich, wenn sie auch bei den Menschen im Saal Anklang fand. Aber auch wenn keiner lachte – ich hatte Spaß.

Was allerdings verletzen kann, sind negative Kritiken. Erst neulich offenbarte sich eine altgediente Bühnenhäsin auf Facebook, dass sie nach einem Auftritt einen fürchterlichen Verriss in einer Zeitung bekommen hatte und ihr das mehr ausmachte, als sie sich eingestehen wollte. Sogleich meldeten sich einige, ebenfalls sehr bühnenerfahrene Kollegen, denen es schon ähnlich gegangen war, und trösteten sie mit ihren Schlimmste-Kritik-Anekdoten. Alle gaben zu, dass sie noch daran arbeiten mussten, sich das nicht so zu Herzen zu nehmen.

Ich selbst erinnere mich noch an einen schönen Satz in einer ansonsten fürchterlichen Kritik in der *TAZ*: »Man kann Gentechnik nicht kritisieren, indem man sich auf ein Bein stellt und sagt: ›Ich bin eine Tomate.‹« Ich bekomme die Nummer nicht mehr vollständig zusammen, glaube aber, der Witz bestand darin, dass die Tomate mittels Gentechnik zum Sprechen gebracht wurde. Im Gegensatz zum Kritiker fand ich meine Gen-Tomaten-Darstellung gelungen. Aber: Eine schlechte Kritik nagt einfach sehr am Selbstwert, man schämt sich doch zu sehr, da kann der Saal noch so toben, man erinnert sich mehr an die schlecht gelaunten Worte des untervögelten Kritikers. »Den Menschen hat es gut gefallen, ich gucke mal, ob der Kritiker vielleicht doch in dem ein oder anderen Punkt recht hat, dann nehme ich die Kritik gerne an. Ansonsten ist es mir egal, was er geschrieben hat, ich finde mich gut und bin weiterhin gut gelaunt.« Es wäre toll, wenn man da hinkäme.

Herr Dr. Zorawski, wenn ich für meine kreative Arbeit eine miserable Kritik bekomme, fällt es mir schwer, sie nicht persönlich zu nehmen. Kann unser Selbstwert so stark/gesund sein, dass uns eine schlechte Bewertung nicht verletzt?

Das kann ich sehr gut verstehen. Ich kenne das auch. Zum Beispiel bewerten nicht alle Patienten oder Seminarteilnehmer meine Leistung gleich. Eine negative Bewertung fällt mir jedoch immer besonders schnell ins Auge. Glücklicherweise kann ich mich dann aber auch schnell erinnern, es nicht persönlich zu nehmen. Für Künstler ist diese Herausforderung sicher noch viel extremer, denn Kunst lebt ja schließlich per definitionem von subjektiven Bewertungen. Aber darin liegt auch eine Chance.

Wie meinen Sie das?
Sie haben doch lange als Komikerin gearbeitet. Welchen Comedian finden Sie aktuell richtig gut?

Den Kabarettisten Jochen Malmsheimer finde ich toll!
Und finden alle Leute Jochen Malmsheimer toll?

Nein, natürlich nicht!
Und warum nicht?

Nun ja, weil sie unterschiedliche Vorlieben haben.
Und wer hat die »richtigen« Präferenzen? Gibt es denn Künstler, die mehr Zuschauer für ihre Shows anlocken, als Jochen Malmsheimer es tut?

Ja, klar. Mario Barth zum Beispiel. Der füllt ganze Stadien.
Heißt das, er ist ein besserer Comedian als Jochen Malmsheimer?

Das ist doch Geschmackssache! Aber wahrscheinlich deckt er mit seiner Show die größere Schnittmenge der Leute und ihrer Präferenzen ab.
Und ist das für einen Künstler erstrebenswert?

Naja, es hat sicher Vorteile, zum Beispiel durch den Erfolg finanziell abgesichert zu sein. Aber letztlich sagt es nichts über die Qualität der Kunst aus. Die liegt im Auge des Betrachters.
Und macht es demnach Sinn, sich dafür zu schämen, dass bestimmte Menschen die eigene Kunst nicht mögen oder sie sogar schrecklich finden?

Hmmm …

Wenn meine dreijährige Tochter sagt, dass das aufwendige indische Gericht, das meine Frau stundenlang zubereitet hat, eklig schmeckt, sagt das etwas über den Geschmack meiner Tochter oder die Kochkünste meiner Frau aus? Sollte sich meine Frau etwa dafür schämen?

Um Gottes willen, nein! Es geht um den Geschmack! Als Künstlerin möchte ich möglichst *meine eigenen* Ideen ausdrücken. Sonst wäre es ja auch nicht meine Kunst! Wenn die Leute es dann nicht mögen, ist es schade, aber eben auch nicht schlimm.

Genau. Es geht also gar nicht darum, ein Riesenego zu entwickeln und so sehr von sich überzeugt zu sein, dass alle Kritik locker an einem abprallen kann. Vielmehr ist es wichtig, das eigene Ego beziehungsweise Selbstwertgefühl nicht an per definitionem unbeeinflussbare Faktoren wie die persönlichen Meinungen anderer zu knüpfen. Das bedeutet nicht, dass man nicht auch Kritik annehmen oder selbstkritisch sein sollte. Eine mäßige Leistung mag schließlich auch Anlass sein, etwas zu verändern und es das nächste Mal – im Hinblick auf die eigenen Maßstäbe – besser zu machen. Allerdings würde es keinen Sinn machen, sich dafür pauschal abzuwerten.

Stattdessen sollte man sich sagen: Gut von mir, dass ich das mache, was mir Spaß bringt oder gut für meine Ziele ist. Dabei kann ich es lediglich nach bestem Wissen und Gewissen so »gut« wie für mich möglich machen.

BEI MIR ODER BEI DIR?

Ich werde den Teufel tun und hier meine Adresse verraten, ich habe keine Lust, jeden Morgen um halb sieben, wenn ich zum Joggen das Haus verlasse, über dutzende Schlafsäcke inklusive Fans zu steigen, die dort campieren, um einen Blick auf mich zu erhaschen! Zum Glück brauche ich es auch nicht zu verraten, denn bei mir kann ich auch anderswo sein. Überall. Ob in Shanghai, Madrid, Sydney oder Groß Borstel. Unter der Treppe, auf einem Boot und im Liegestuhl.

Wenn ich etwas mit Begeisterung und Hingabe tue und wirklich bei dem bin, was ich mache, dann bin ich auch bei mir in dem Moment. Wenn ich etwa ein Bild male und mich darauf konzentriere oder ein leckeres Essen koche und jede Zutat mit

Sobald ich Dinge bewusst tue und nicht nebenher, bin ich bei mir.

Bedacht hinzufüge, aber auch wenn ich den warmen Wind in meinem Gesicht spüre oder merke, wie jeder einzelne Zahn beim Zähneputzen sauberer, glatter wird.

Wir kennen das alle: In der einen Hand das Handy, mit dem wir schnell noch einen Handwerkertermin ausmachen, unter dem Arm die Tasche, in der rechten Hand unser Pausenbrot und im Kopf das Meeting: So hasten wir zur U-Bahn. Schnell kommt es dazu, dass wir kurz stolpern, uns die Tasche herunterfällt, wir uns den Termin dreimal sagen lassen müssen oder dass wir jemanden anrempeln. Weil wir alles nur nebenbei machen, hat nichts unsere volle Aufmerksamkeit. Wir fühlen uns gestresst und gehetzt, und das sind wir auch, wir stressen und hetzen uns selbst.

Bei dem Achtsamkeitskurs, den ich mitgemacht habe, gab es ganz am Anfang die »Rosinenmeditation«. Zum ersten Mal in meinem Leben habe ich bewusst an einer Rosine gerochen, sie zwischen den Fingern gedreht, bis sie ein wenig quietschte, und ihre faltige Haut bewundert. Als ich sie dann endlich essen durfte, war ich überrascht, wie lecker eine Rosine sein konnte! Ich habe sie bewusst und mit allen Sinnen wahrgenommen und verzehrt und sie mit all ihren Geschmackskomponenten geradezu erlebt. Seitdem halte ich immer mal inne beim Essen und probiere mir bewusst zu machen, wo das Essen eigentlich herkommt. Ich versuche, die Sonne aus den orangefarbenen Aprikosen herauszuschmecken, freue mich an der blitzblanken Haut der dunkelroten Kirsche und probiere, die verschiedenen Gewürze in einem Curry zu unterscheiden. Alles schmeckt besser, intensiver. Noch mehr sogar, wenn man die Augen schließt, aber das geht am besten alleine.

Indem wir uns Zeit lassen und es ganz bewusst »zu uns nehmen«, sind wir bei dem, was wir tun, und sind dadurch auch bei uns.

Es hört sich jetzt alles sehr spirituell an, und ich weiß, dass ein Vater, der gerade für die Kinder gekocht hat und das Kleinste jetzt füttern muss und danach anziehen und fertig machen muss für den Spielplatz, dass der froh ist, wenn er zwischendurch auch kurz ein paar Gabeln Spaghetti herunterschlingen darf. Oder dass sich die Geschäftsfrau über ein schnell gekautes Croissant in den fünf Minuten zwischen zwei Meetings freut – aber auch die haben vielleicht abends, vielleicht nachts, Gelegenheit, an der aus dem Martini gefischten Olive erst einmal zu schnuppern, bevor sie sie mit der Zunge untersuchen und dann langsam genüsslich zerkauen.

Man muss natürlich nicht ständig alles im Zeitlupentempo zu sich nehmen, aber es lohnt sich, einmal beim Essen kurz innezuhalten, am Brot zu schnuppern, das perfekte Grün der Erbsen zu bewundern, die Hübschigkeit einer Kiwi zu honorieren – und weiterzuessen. Dann bin ich in dem Moment bei dem, was ich tue – nämlich ein Brot/Erbsen/eine Kiwi essen und zugleich auch bei mir.

Aber auch bewusst in den Bauch und ins Zwerchfell zu atmen kann einen kurz aus der Geschäftigkeit des Alltags katapultieren, nämlich hin zu sich selbst. »Unser Atem ist der Anker, der uns in der Gegenwart hält«, so haben wir es im Achtsamkeitskurs gelernt, weil jeder Atemzug einzigartig ist. Wenn wir bewusst atmen, sind wir im Hier und Jetzt.

Schritte bewusst gehen, spüren, wie der Fuß den Boden berührt, die Kälte des Eisengeländers wahrnehmen, einem Vogel lauschen und überhaupt die Geräusche um uns herum hören, ohne sie sofort einzuordnen und zu bewerten. Und natürlich meditieren, in Stille für sich selbst sitzen – das alles führt dazu, dass wir mehr bei uns sind, dem Stress entfliehen und, ganz wichtig, dass wir unsere Bedürfnisse wahrnehmen können. Ich merke an mir, dass ich vieles ganz automatisch mache, weil ich es immer schon so getan habe.

Vielleicht möchte ich das ganz anders machen? Wie aber soll ich das herausfinden, wenn ich ständig im »Außen« bin? Vielleicht möchte ich kein Bier trinken, wenn wir ausgehen, mache es aber, weil ich es fast immer tue, wenn wir uns mit Freunden treffen. Immer mit der U-Bahn in die Stadt fahren – warum nicht mal mit dem Rad? Das sind ganz einfache Beispiele, aber wenn wir mehr meditieren und üben, bei dem zu sein, was wir tun, können wir besser unsere Gefühle erforschen.

Wir erkennen besser, wenn wir verletzt werden, wenn wir bei uns sind und bei unseren Gefühlen.

Vielleicht sollte ich den Nachbarn, der immer so grimmig guckt und nicht grüßt, einmal fragen, was mit ihm los ist, statt stets die Straßenseite zu wechseln, wenn ich ihn sehe. Vielleicht sollte ich meinem Chef sagen, dass ich lieber wieder in das andere Team möchte. Ich sollte meinem Mann sagen, dass ich es nicht lustig finde, wenn er »Pummelchen« zu mir sagt, sondern dass er mich damit verletzt. Denn, ich kenne das gut, ein Kollege macht einen Spruch, ich lache mit. Hinterher, zu Hause, merke ich, dass sich irgendetwas komisch anfühlt, ungut und traurig. Richtig nachforschen muss ich, bis mir klar wird: Der Kollege hat mich beleidigt, und ich habe nur mitgelacht, weil alle gelacht haben. Eigentlich fand ich das gar nicht lustig, als er sagte, mein Hintern bräuchte auch bald eine eigene Postleitzahl. Er hat mich verletzt, weil ich selbst gerade an meinen zu klein gewordenen Jeans verzweifle. Davon abgesehen war es auch noch sexistisch, ich bin also wütend und traurig, habe das aber nicht gemerkt, weil ich »keine Spaßbremse« sein und »nicht alles so ernst« nehmen wollte.

Wenn ich aber mehr bei mir bin, also achtsamer, schaffe ich es vielleicht, wenn wieder so ein Spruch fällt, schneller zu merken, dass ich den doof fand, und kann ernsthaft sagen: »Das verletzt mich.« Ja, dann ist die Stimmung im Eimer. Aber das ist sie bei mir erst recht, wenn ich nichts sage und über das Gewesene nachdenke und dann, Stunden später, richtig wütend und traurig werde und sogar noch mich selbst beschimpfe, weil ich nicht anders reagiert habe.

Das aber ist wirklich Übungssache. Und das ist eine gute Neuigkeit: Man kann es üben! Immer wieder, in jeder Situation: beim Sport mal genau in die Muskeln hineinspüren, die da gerade am Rackern sind. Eine Ameise beobachten, wie sie ein zwanzigmal größeres Blatt nach Hause schleift. Wenn man eine Gruppe neuer Menschen kennenlernt, sich für jeden von ihnen kurz Zeit nehmen, ihm ins Gesicht gucken, den Namen wiederholen und ihn so bewusst lernen.

Wenn wir das Bei-uns-Sein immer wieder üben in den verschiedensten Bereichen, brauchen wir bald keine Stunde mehr, bevor wir im Tattoo-Studio sagen: »Entschuldigung, Sie haben sich vorgedrängelt, ich bin dran!« Wenn mir wieder eine junge Frau mit dem Rad so in die Hacken fährt (auf dem Gehsteig, lautlos von hinten), dass ihr Vorderreifen mir einen Schuh auszieht, dann warte ich nicht mehr bis zur nächsten Ampel, um ihr mitzuteilen, dass sie bitte auf dem Radweg fahren und dabei nicht die Passanten behelligen soll. Ich merke schneller, dass ich gar nicht mitmöchte zu dem Geschäftsessen von meinem Freund, sondern dass ich ihn nur ihm zuliebe begleiten würde.

Natürlich kann man auch immer mal trotzdem Sachen tun, weil man jemanden mag und ihm einen Gefallen tun möchte. Wichtig ist nur, nicht in einen Automatismus zu verfallen und es einfach zu machen, »weil man das so macht«, »weil ich das doch immer mache« oder »weil ich eben ein freundlicher Mensch bin«, und sich dabei zuverleugnen.

Ich kann immer alles viel besser machen oder sein, wenn ich es freiwillig und bewusst tue. Wenn ich also die Wahl habe und nicht einfach funktioniere und mich selbst und meine Bedürfnisse überrenne, ohne es zu merken.

Wenn ich bewusst lebe, weil ich Achtsamkeit mit Meditationen, Yoga, Körperübungen und Alltagstätigkeiten übe, reagiere ich nicht mehr automatisch, sondern habe einen Handlungsspielraum.

Achtsamkeit bedeutet aber noch mehr: Wir lernen, dass Gefühle und Gedanken auch mal unangenehm sein dürfen. Wir müssen sie nicht sofort weghaben und uns besser fühlen, sondern wir versuchen, sie einfach sein zu lassen. Wir schauen sie uns an und bewerten sie nicht, denn: Gefühle wollen gefühlt werden. Wenn wir traurig sind, sind wir traurig, das ist weder gut noch schlecht, es IST einfach.

Mir hat es sehr geholfen, zu verstehen, dass »negative« oder unangenehme Gefühle genauso eine Berechtigung haben wie »gute« oder angenehme. Wenn ich Angst bekomme, kann ich mir sagen: Da ist Angst. Ich nehme sie wahr, aber ich kämpfe nicht gegen sie an. Das gelingt natürlich nicht immer, und es ist wichtig, dieses »Stehenlassen und Annehmen« immer wieder zu üben. Wir haben Gedanken, und diese lösen Gefühle aus. Wenn wir beides nur betrachten, verstricken wir uns nicht darin, katastrophisieren nicht und steigern uns nicht hinein. Denn zum Beispiel Angst haben wir nur vor etwas, was noch gar nicht passiert ist. Wenn ich mich davor fürchte, dass es regnen könnte, und mein Haar nach stundenlangem Föhnen endlich so sitzt, wie ich es immer schon haben wollte, dann nehme ich einen Schirm mit als Vorsichtsmaßnahme. Ich fürchte mich davor, dass Regen passieren könnte. Wenn ich Freunde zum Essen eingeladen habe, mache ich extra vier Bleche Zwiebelkuchen, weil ich fürchte, es könnte sonst nicht reichen. Wir denken immer schon voraus, was ja auch wichtig ist. Und falls die Freunde dann absagen, können wir den Zwiebelkuchen immer noch einfrieren.

Aber wenn es regnet und wir haben keinen Schirm? Oh Gott, das ist eine schreckliche Vorstellung, ich mag gar nicht daran denken! Ich habe so dickes Haar, das braucht ewig, bis es trocken ist! Jetzt habe ich mich aber ganz schön erschreckt…

Natürlich müssen wir planen und vorausschauend agieren, oft machen wir uns aber auch unnötige Sorgen um die Zukunft und malen uns schreckliche Dinge aus. Haben ein ungutes Gefühl oder überlegen, was wir unbedingt ändern müssen, und vergessen dabei, dass es uns in dem Augenblick, in dem wir so viel über die Zukunft nachdenken, doch wunderbar geht. Wir haben einwandfreies Haar und sitzen mit lieben Freunden beim Zwiebelkuchen zusammen. Ist das nicht großartig?

Warum fällt es uns oft so schwer, es wertzuschätzen, dass wir uns im Hier und Jetzt sehr gut fühlen?

Wir sind weniger verletzlich, wenn wir uns nicht davor fürchten, was andere wohl von unserem Vortrag in vier Wochen halten werden. Oder wenn wir nicht darüber nachdenken – jetzt kommt's – wie uns die anderen Eltern beim Elternabend im Januar ausgelacht haben. Ja, auch wenn wir uns an Missgeschicke und unangenehme Situationen in der Vergangenheit erinnern, fühlen wir uns schlechter, als wenn wir uns vergegenwärtigen, dass im Moment alles schön ist. Und nur, weil es einmal schlecht gelaufen ist, bedeutet das nicht, dass es ab jetzt immer so sein muss. Wir wissen nicht, was die Zukunft bringt. Sie ist nur eine Aneinanderreihung von »Jetzen«.

KATHARINA SCHACHT UND SABINE BERGMANN ÜBER VERLETZLICHKEIT

Katharina Schacht und Sabine Bergmann sind MBSR-zertifizierte Achtsamkeitstrainerinnen und Heilpraktikerinnen (begrenzt auf das Gebiet der Psychotherapie) in Hamburg.

Was genau ist Achtsamkeit?

Katharina: Achtsamkeit ist eine bewusste innere Haltung und gleichzeitig ein Handwerkszeug, um uns dieser inneren Haltung gewahr zu werden. Zu erkennen, was in jedem Moment gerade passiert.

Sabine: Diese innere Haltung bedeutet ein spezielles Bewusstsein, das ich üben kann, die Praxis der Achtsamkeit. Es geht darum, sich immer wieder daran zu erinnern, die Aufmerksamkeit in den Moment zu richten, ohne diesen zu bewerten oder zu beurteilen. Normalerweise bewerten wir alles automatisch: Das mag ich, das mag ich nicht, das ist gut, das ist schlecht. Hier geht es darum, mit dem zu sein, was gerade ist, mit der ersten Sinneswahrnehmung, die gerade da ist.

Katharina: Auf die Weise kommen wir mit uns in Kontakt. Wir kriegen mit, welche Gedanken da sind, welche Gefühle und welche Impulse sie vielleicht auslösen, was uns unser Körper sagt, wie es uns geht. Zu erfahren, was wirklich passiert, hat eine beruhigende und heilsame Wirkung. Über die Sinne nehmen wir wahr, was gerade ist. Wir können ja nur im Moment riechen, wir können nicht den Geruch von gestern oder morgen riechen. Genauso verhält es sich mit Geräuschen oder dem, was wir schmecken, fühlen und tasten. Die Atembewegung kommt dazu, die spüren wir, deshalb konzentrieren wir uns auf den Atem. Wenn wir bei ihm verweilen, sind wir im Hier und Jetzt. Weil diese (Atem-)Bewegung nur im Hier und Jetzt stattfindet.

Sabine: Es gibt einen schönen Spruch, welches die Essenz der Achtsamkeit ganz gut trifft: »Du kannst die Wellen des Lebens nicht anhalten, aber du kannst lernen, auf ihnen zu surfen.« Und das ist das, was Achtsamkeit ausdrückt: Wir können Verletzungen, depressive, negative Gedanken, Ängste, Schwierigkeiten, Verluste, Krankheiten nicht aufhalten – das wird alles weiter passieren in unserem Leben. Aber wir können mithilfe der Achtsamkeitspraxis anders damit umgehen.

Katharina: Die Achtsamkeit ist das Surfbrett, das uns über die Wellen trägt; wir fallen auch immer mal wieder runter, und dann kommt ein Sturm und es wird schwierig, aber wir können immer wieder aufsteigen. Wir üben das weiter, und dann trägt es uns immer mehr.

Wie hängen Achtsamkeit und Verletzlichkeit zusammen?
Katharina: Achtsamkeit hilft uns, unsere Verletzlichkeit kennenzulernen. Verletzlichkeit ist gekoppelt an Situationen, in denen wir uns schämen, und wenn wir das tun, versuchen wir, es unter den Teppich zu kehren oder auch zu verdrängen. Wir wollen etwas dann nicht wahrhaben, aber die Verletzlichkeit geht dadurch nicht weg. Und häufig können wir unsere Verletzlichkeit nicht rational ergründen, weil sie von Gefühlen herrührt. Aber »Gefühle wollen gefühlt werden«. Mit Achtsamkeit können wir unserer Verletzlichkeit nahekommen. Unser Körper gibt uns dabei Feedback, indem er verrät, wie es uns gerade geht. Auch wenn wir denken: »Ach, das ist jetzt nicht so schlimm, ich muss nicht aufgeregt sein, ich muss mich auch nicht dafür schämen«, so merken wir es doch körperlich, wir schwitzen oder haben Atemnot. Mit Achtsamkeit können wir im Körper, in Gefühlen, im Verstand oder auch in Impulsen die Verletzlichkeit noch mehr in ihrer Ganzheit wahrnehmen und erforschen, ohne uns von ihr erdrücken zu lassen.

Sabine: In Beziehungen – und wir leben ja immer in Beziehungsgeflechten – wird man verletzt, das geschieht jedem von uns. Es geht also nicht darum, dass man nicht verletzt wird, sondern einen anderen Umgang damit zu finden. Wir können entscheiden, ob wir diese Verletzlichkeit zeigen oder nicht. Es nicht zu tun haben wir im Laufe unseres Lebens gelernt. Wir haben Abwehrmechanismen gebildet, einen Schutzschild, eine Mauer, was mit der Zeit sehr erschöpfen kann. Weil es uns daran hindert, uns selbst zu erfahren und auch in echten Kontakt mit anderen zu kommen. Wie lassen wir diese Verletzlichkeit zu? Wie zeigen wir dieses Intime, Private? Dafür brauchen wir einen vertrauten Rahmen, Menschen, die sich das Recht erworben haben, dass wir verletzlich sein können; die uns lieben, nicht trotz, sondern wegen unserer Verletzlichkeit.

Katharina: Durch Achtsamkeit erkennen wir unsere Verletzlichkeit und wissen, wie wir besser damit umgehen können. Weil wir sie dann wirklich im Körper spüren; wir halten sie dort und müssen uns nicht hineinfallen lassen, sie aber auch nicht wegdrängen. Durch dieses Halten, Spüren der Enge oder des Knotens oder des Drucks, meist im Rumpfbereich bis in den Hals hinein, kann sich etwas lösen. Allein, dass wir ihrer bewusst werden, hilft. Das bestätigt die Forschung. Schon das Sich-bewusst-Machen wirkt emotionsregulierend: »Aha, da ist Trauer, Scham, ein Schuldgefühl.« Ein besonderer Punkt ist auch: Wir analysieren nicht, denn das macht es uns oft so schwer: »Mensch, warum hab ich mich da geschämt, das muss ich doch gar nicht.« Da sind wir auf der kognitiven Ebene. Indem wir den Knoten nicht kognitiv lösen, sondern als Gefühl im Körper spüren, können wir gucken, was ploppt da hoch. Es ist erstaunlich, was da passieren kann. Das unangenehme Gefühl geht nicht immer weg, aber wir müssen auch nicht mehr weglaufen und sind dadurch nicht so getrieben von unserer Verletzlichkeit.

Sabine: Es ist wichtig, die Scham zu überwinden, um sich verletzlich zu zeigen. Scham bedeutet immer, nicht gut genug zu sein, falsch zu sein. »Irgendwas ist nicht richtig mit mir.« Dieses Gefühl trage ich oft schon sehr lange mit mir herum, das ist schmerzhaft; deshalb bin ich so verletzbar. Hinter Verletzlichkeit steckt diese Scham. Es gilt eine Schamresilienz zu entwickeln (das heißt, sich Stück für Stück weniger zu schämen), und das geht mit Achtsamkeit. Dazu gehört, die Scham erst einmal wahrzunehmen. Das kann ich nur, indem ich den Moment bewusst wahrnehme – innehalte. Sonst bin ich wieder im Autopiloten und möchte nur dieses Unangenehme weghaben, indem ich mich abgrenze, mich betäube und mich zurückziehe – oder, indem ich richtig wütend werde.

Wichtig ist es, die Scham zu erkennen, in dem Sinne, dass ich mich zentrieren und mit Atmung erden kann, um nicht überflutet zu werden, und im Körper zu spüren, was gerade los ist. Und, was essenziell ist, dass ich mit Selbstmitgefühl bei mir bin, mit einer annehmenden, mitfühlenden Haltung. Das kann man üben. Dass ich mich akzeptiere. Und ebenso wichtig ist, dass ich Menschen habe, denen ich mich anvertrauen kann, denen ich das sagen kann, so entstehen Bindung und Vertrauen.

Katharina: Meine Erfahrung ist auch, dass wir durch Achtsamkeit immer mehr spüren, was es braucht, um mit Scham umzugehen. Durch die Achtsamkeit lernen wir uns besser kennen, und auch, wem wir uns anvertrauen können, bleibt keine rationale Entscheidung (Was ist jetzt taktisch klug?), sondern das Gefühl fließt mit ein, die Körperempfindung gibt uns Feedback. Aus Erfahrung kann ich sagen, dass Mut und Zuversicht nötig sind, und auch das kann ich in der Achtsamkeit kultivieren. Und wenn ich dann etwas von mir preisgebe und die Erfahrung mache, dass andere das anerkennen, dass nichts Schlimmes passiert, dann kann ich beim nächsten Mal vielleicht meine Scham besser umgehen.

Sabine: Die Schamresilienz wächst. Man kann sie anreichern. Man wird immer wieder verletzt, aber man kann mit Selbstwertgefühl und Schamresilienz einen besseren Umgang mit Verletzlichkeit finden.

Katharina: Und die Scham hat ja eine prosoziale Funktion. Die besteht darin, dass ich mich an die Gruppe anpasse, dass ich nicht ausschere oder die Gruppe sprenge. Die Scham ist eine Funktion, die in meinem System verankert ist. Oft ist da das Gefühl: »Nur ich persönlich schäme mich, die anderen alle nicht.« Die prosoziale Funktion von Scham macht aber deutlich, es geht eben anderen genauso.

Sabine: Ja, es steckt zwar in unseren Genen, dass wir uns schämen, aber dennoch wird Scham in unserer Gesellschaft – egal ob in der Schule, im Betrieb, in Familie und Freundeskreis –, im gesamten gesellschaftlichen Kontext als Schwäche angesehen. Es muss immer höher, weiter, schneller sein, niemand ist gut genug, das fördert das Schamgefühl.

Wir brauchen alle viel mehr die Einstellung: Ich bin gut genug, du bist gut genug.

Katharina: Je öfter wir spüren, dass wir gut genug sind, desto mehr neue synaptische Verbindungen für solche Art von Gefühlen entstehen im Gehirn, und die Wahrscheinlichkeit steigt, dass wir wieder lernen so zu empfinden.

Sabine: Ja, man kann eine gute Erfahrung richtig einsickern lassen. Aber man muss etwas dafür tun und sich das gute Gefühl immer noch mal gewahr werden, diesem Gefühl nachspüren. Dann kann man es immer wieder abrufen. Denn wir erinnern uns ja immer eher an das Negative, was uns im Zweifelsfall vor weiteren negativen Erfahrungen schützen soll. Deshalb immer wieder an die gute Erfahrung denken und spüren, wie sich das angefühlt hat, dann verändert sich etwas.

Katharina: Man braucht dabei immer nur das anzunehmen, was auch stimmig ist. Ich muss mich zum Annehmen nicht verbiegen, sondern ich kann gucken, was von alleine aufsteigt, und damit kann ich arbeiten. Vielleicht kommt erst einmal auch Ablehnung hoch, aber auch hier bleibe ich dran und kultiviere die Freundlichkeit mit mir selbst weiter.

Sabine: Wir sind alle verletzlich, immer. Viele tun alles, etwa aufgrund schlechter Kindheitserfahrungen, um nicht verletzt zu werden. Zum Beispiel kann Freude einen auch sehr verletzen. Man denkt vielleicht: »Wenn ich mich darüber freue, was mein Sohn gerade erreicht hat«, dann befürchtet man gleich, dass das hoffentlich nicht aufhört und ihm nichts zustößt. Ganz plötzlich hat man solche Gedanken, und es gibt Menschen, die sich eine vorsichtige Haltung antrainiert haben, um sich zu schützen, aus der Angst heraus, dass eine freudige Situation wieder ins Negative kippen könnte.

Katharina: Wenn ich eine achtsame Haltung habe, wandelt sich die Verletzlichkeit so, dass ich sie nicht mehr als quälend und schlimm empfinde. Ich spüre sie zwar, aber ich kann mit ihr umgehen. So kann auch ein Gefühl von Selbstwirksamkeit entstehen, wie man das in der Psychologie nennt. Und das ist ein wahnsinnig befreiendes Gefühl, zu seiner Verletzlichkeit stehen zu können, ohne sich davon erdrücken zu lassen.

Sabine: Noch mal zu dem Selbstwertgefühl: Sich selbst mit Mitgefühl zu begegnen ist das eine. Hilfreich ist aber auch zu sehen, dass es geteilte Menschlichkeit gibt: Das geht nicht nur mir so, es kann jedem so gehen, und das mindert ein Leid wirklich sehr.

Katharina: Dieses Erfahren und darüber erkennen und wissen, dass es vielen so geht, spricht unser Gefühl von Verbundenheit und Zutrauen an, und es erleichtert uns, zu wissen, dass ich nicht alleine damit bin.

Sabine: Wenn ich bei mir bin, kann ich auch gucken, was ich brauche, was mir jetzt helfen kann. In die Selbstfürsorge gehen kann ich nur, wenn ich achtsam bin, nicht, wenn ich im Bewertungs-Modus bin, wenn ich Angst habe. Denn dann will ich ja weg von der Angst. Aber um uns von schwierigen Gefühlen zu heilen, muss ich dorthin spüren, auch wenn es wehtut, dafür brauche ich Stärke und Mut. Nur so können wir die Gefühle heilen, und nur so können wir in Verbindung mit anderen gehen.

AUSWEICHMANÖVER

Oder ich mache sowieso mein eigenes Ding, bin eine coole Sau, die sich um nichts und niemanden kümmert und ihre wahren Gefühle und Wünsche immer wegdrückt und aus dem ganzen Leben eine Party macht. Das hört sich auch prima an, oder? So jemand ist nicht verletzlich. Manchen »hilft« auch Ironie. Sie ziehen alles ins Lächerliche, um sich nicht mit echten Bedürfnissen und Emotionen zu beschäftigen. Vielleicht kommen sie mit ihrer Art sogar gut an, weil sie immer so witzig sind. Aber wie es tief in ihnen drin aussieht, bekommt keiner zu sehen. Oder ich mache immer alles so, wie es »die Gesellschaft« sich wünscht. Verhalte mich durchweg, wie in Ratgebern beschrieben, putze und sauge, stille und nähre, pflanze und wische und halte mich raus und bin brav und lieb und anständig und kümmere mich, aber nicht zu sehr. Ich habe keine Wünsche, nichts, wofür ich mich schämen müsste oder was mir sonst irgendwelche Schwierigkeiten macht. Immerzu freundlich und hilfsbereit, lasse ich niemanden näher an mich heran, auch wenn ich selbst meinen Mitmenschen gerne zu Hilfe eile und mir ihre Nöte mit offenen Ohren anhöre. Von mir gebe ich aber nichts preis – was denn auch, es ist ja alles perfekt. Die Kinder sind toll, haben und machen keine Probleme, sie fahren niemandem mit dem Fahrrad die Schuhe von den Füßen und sind gut in der Schule. Meine Ehe ist vorbildlich, mein Mann und ich gehen beide halbtags arbeiten, damit wir gemeinsam Zeit für Haushalt und Familie haben. Es läuft einfach alles super, wo sollte ich da verletzlich sein bitte?

Neulich habe ich Werbung für eine Gesichtscreme gesehen: »Seien Sie Sie selbst, seien Sie makellos.« Was für ein Schrott! Wir sind Menschen. Keiner von uns ist makellos. Und wir müssen und wollen es auch gar nicht sein!

Jeder von uns hat doch seine Schwachpunkte, Fehler, die er gemacht hat, Krisen, die er erlebt hat, oder Wesenszüge, körperliche Gegebenheiten oder gar Krankheiten, für die er sich schämt. Sogar Geld, Ausbildung und Herkunft scheinen einigen Menschen Grund zu geben, sich zu schämen, und machen sie so verletzlich.

Wir schämen uns nur da, wo wir uns mit anderen vergleichen und denken (oder die Erfahrung gemacht haben), dass sie uns für eine unserer Eigenheiten verachten und so aus der Gemeinschaft ausschließen könnten.

Scham und Verletzlichkeit gibt es immer nur mit einem Gegenüber. Wären wir alleine, jeder für sich auf seinem Planeten, bräuchten wir uns für nichts zu schämen und wären überhaupt nicht verletzlich – außer anfällig für Krankheiten oder körperliche Verwundungen. Es wäre aber auch sehr langweilig. Und man könnte keine Geschichten erzählen.

So wurde ich im Schulbus immer sehr dafür angefeindet, dass ich (obschon ich mich mit Fußball wahrlich nicht auskannte) Bayern-»Fan« war. Im Schulbus galt es nämlich, vor allem bei den Jungs, den VFB-Stuttgart zu mögen. Als ich also wegen meiner feindlichen Gesinnung öfter verhöhnt wurde, wechselte ich recht schnell auch zum VFB, wenigstens während der Busfahrt. Ich wollte dazugehören. Nun ist »Fan« von etwas zu sein kein Zeichen für Verletzlichkeit, aber es war meine eigene Meinung, die »falsch« zu sein schien, und wenn ich friedlich und unverspottet zum Unterricht kommen wollte, musste ich entweder mit dem Rad fahren oder mich der geltenden Meinung anpassen. Dachte ich. Heute weiß ich, ich hätte dazu stehen und darauf pfeifen sollen, was die Jungs im Bus von mir dachten. Ihre Schmähungen wären ihnen irgendwann langweilig geworden, und ich wäre stärker aus dem Bus ausgestiegen, weil ich bei mir geblieben wäre und mich nicht einfach angepasst hätte. Ich hätte für mich gewonnen, an Souveränität, an Selbstbewusstsein und wahr-

> *Ich glaube, jeder Mensch hat Schwachstellen. Selbst George und Amal Clooney. Aber wenn ich deren Schwachpunkte wüsste, wäre ich so gut mit ihnen befreundet, dass ich sie hier nicht öffentlich machen würde.*

scheinlich sogar an Achtung in den Augen der anderen, und nicht nur der Bayern-Fans. Stattdessen hatte ich Angst, ausgeschlossen werden zu können aus der Busfahrgemeinschaft.

Die eigenen Schwächen mit anderen zu teilen bedeutet, Nähe zuzulassen. Und Freundschaften und Partnerschaften zu vertiefen. Indem ich mich verletzlich und dir meinen wunden Punkt zeige, mache ich mich ein bisschen von deiner Loyalität abhängig. Du weißt etwas über mich, was mir unangenehm ist, und du könntest es ausnutzen. Aber ich vertraue dir und zeige dir so, was mir deine Freundschaft wert ist. Und das ist wunderbar! Und du machst dasselbe mit mir, und wir respektieren uns und mögen uns noch mehr! Das Gute ist, dass ich mir aussuchen kann, wem ich mich öffne und mit wem ich meine innersten Seiten teile. Ich bestimme, wer wissen darf, dass ich mich nicht ins Gartenhäuschen traue, weil ich furchtbare Angst vor Spinnen habe. Dass ich nicht

> *Verletzlichkeit verbindet, sie stärkt die Bande zwischen uns Menschen.*

Ski fahre, weil mir das zu schnell ist und ich mir nichts brechen möchte. Dass ich sehr gerne Katzenvideos gucke. Dass ich meine Kuscheltiere nicht einfach weggeben kann. Also, nicht alle. Vor allem nicht Horst und Charlotte – äh, das süße Äffchen und die knuddelige Ente.

Ich muss nicht auf einer Party, zu der ich nur mit eingeladen bin und niemanden kenne, als Erstes die Musik ausmachen, das Saallicht an und jedem mitteilen: Ich bin Käthe, ich habe eine Angststörung und beginne gerade erst, erwachsen zu werden. Nein! Die Momente und, vor allem, die Menschen, (in) denen ich mich öffne, bestimme ich jedes Mal wieder selbst. Jedes geschlagene Mal kann ich mich wieder entscheiden: Ist es dieser Mensch wert, dass ich mich ihm öffne? Und ich merke, wenn ich die richtige Entscheidung getroffen habe, wie gut es mir tut.

EINFACH SCHAMLOS

Wer sich öffnet und zu seinen Besonderheiten steht, ist stark: Das Model, das nur noch ein Bein hat und sich dennoch in kurzen Hosen mit ihrer Prothese zeigt, wie wunderbar! Der alkoholkranke Schauspieler, der öffentlich sagt: »Ja, ich habe ein Problem.« Dann kann sich auch der Otto-Normal-Alkoholkranke ein Herz fassen und sich helfen lassen.

Ich selbst habe nach der Veröffentlichung meines Buches *Keine Panik, liebe Angst*, in dem ich über meine Angststörung berichtet habe, so viele wunderbare Rückmeldungen bekommen von Menschen, denen es gutgetan hat, zu sehen, dass wir viele sind. Sehr viele sogar! Leute, die diese komische Essensangst hatten, und froh waren, dass ich in meinem Buch und in Interviews offen darüber gesprochen habe, weil es ihnen Mut gemacht hat.

Man bewundert Menschen, die sich öffentlich mit ihren Fehlern, wunden Punkten und Versäumnissen zeigen.

Mut, sich auch als Angsterkrankter oder Angsterkrankte zu »outen«. Sich Hilfe zu holen oder auch schon einmal mit dem Hausarzt darüber zu sprechen.

Eine Dame schrieb mir, jetzt verstehe sie ihre Freundin. Bei ihr habe sie sich immer gewundert, warum sie sich etwas im Café bestellte, das aber meist stehen ließ. Die Freundin hatte sich so für ihre Angst geschämt, dass sie sich ihr nie offenbart hatte. Jetzt hatte die Dame aber mein Buch gelesen und sie gefragt, ob sie auch unter diesen Ess- und Trinkängsten litt. Und die Frau war so glücklich, dass sie jetzt erzählen konnte, wie es ihr ging. Ihre Freundin verachtete sie nicht, sondern verstand, dass sie unter einer psychischen Erkrankung litt.

Eine ehemalige Klassenkameradin meldete sich damit, dass sie ihren Sohn nun besser verstehe, der unter enormen Ängsten litt. Endlich könne sie es besser nachvollziehen, was er durchmachte. Öfter liefen mir die Tränen herunter, wenn ich las, was mein Buch bei einigen Menschen, selbst Angstgeplagten oder Angehörigen, vollbracht hatte. Und das hat mich gerührt und auch mir wiederum geholfen. Genauso wie die Erfahrung, dass ich mich für meine Ängste nicht zu schämen brauche und dass es so viele Menschen gibt, die das so oder ähnlich kennen, und dass ich nicht geächtet werde, wenn ich sage: »Ich habe Panikattacken und andere Ängste.« Auch mich hat es natürlich Überwindung gekostet, meine »Schwäche« öffentlich zu erklären, aber danach war ich stolz auf mich. Es hat mich stärker gemacht.

Eine meiner wunderbarsten Erfahrungen mit dem Buch war, als ich in einer Talkshow saß und über meine Geschichte von der Bühne und den Ängsten sprechen konnte. Es war so gut, sagen zu können, wie es war. Ich war ganz bei mir und habe einfach erzählt, wie es mir ging und wie es mir geht mit meinen Ängsten – nichts beschönigt, nichts weggelassen. Ich war, wie ich bin, und ich war genug! So wie ich war, reichte ich! Niemand erwartete irgendwelche Gags oder Rollen, die ich präsentieren sollte. Es fühlte sich so gut und echt an, und das tut es jedes Mal wieder, wenn ich davon erzähle. Das heißt nicht, dass ich mich nur als »die Frau mit der Angststörung« sehe, aber es ist ein Teil von mir, und das ist okay so, auch wenn es manchmal furchtbar ist und mich plagt.

Noch mehr plagt es mich nämlich, wenn ich nicht darüber rede, wenn ich versuche, meine Ängste zu vertuschen und zu verstecken. Dafür braucht man richtig viel Kraft, das habe ich gelernt. Es tut mir gut, zu sagen, wie es ist. Klar zu sein.

Natürlich schäme ich mich dennoch immer noch manchmal, natürlich falle ich nicht mit meinen Ängsten ins Haus. Ich will auch nicht alle Leute ständig verlegen machen, wenn sie nicht wissen, wie sie damit umgehen sollen.

Aber ich bin entspannter, seit ich offen mit meinen Ängsten umgehe. Ich habe gelernt, dass meine Mitmenschen es honorieren, wenn ich ihnen davon erzähle. Weil ich ihnen Vertrauen schenke. Und das hilft mir. Weil ich die Erfahrung mache, immer wieder, dass ich »genug« bin. Das war auch eine besondere Erkenntnis in dieser TV-Talkshow. Ich erzählte einfach, wie es war, und das war genug. Es wurde honoriert.

Ich muss mich nicht schämen dafür, dass ich nicht »normal« bin, dass ich zum Beispiel nicht immer alles essen und trinken kann, wenn ich in Gesellschaft bin.

Raus aus der Scham heißt der Wegweiser.

Ich erinnere mich gern an meinen Großvater, der jedes Mal hoch entzückt war, wenn sich eine Nachrichtensprecherin oder ein Nachrichtensprecher im Fernsehen mal versprochen hat. »Das ist so menschlich, das ist toll!«, pflegte er auszurufen. Nicht, dass es oft passierte, aber er berief sich auch stets auf diese Versprecher, wenn es darum ging, dass jemand nicht perfekt war.

Und wer bestimmt denn schon, was perfekt ist? Ist nicht sowieso das Unperfekte perfekt?

Wenn ich schreibe, es hat mich stark gemacht, mich zu öffnen, dann will ich den Begriff »stark«, wie ich ihn verstehe, erklären. Ich meine damit, und das ist wohl jedem klar, nicht das Pippi-Langstrumpf-Stark. Ich stehe zu meinen Schwächen, ich zeige, an welchen Baustellen ich arbeite (Käthe, achte auf deine Sprache!), etwa, dass ich mit mir selbst spreche, und vermittle dadurch: Ich bin nicht perfekt, aber unperfekt ist genauso gut!

Schwächen zu haben ist völlig okay, und wir haben zwar in der Schule gelernt, dass wir keine Fehler machen sollten, aber das ist so lange her – und natürlich dürfen wir Fehler machen. Uns entschuldigen und weitermachen.

Wir sind Menschen, und Menschen machen Fehler. Und wir lernen daraus.

Wir bewundern Menschen, die sich verletzlich zeigen, die sich öffnen und sagen: »So bin ich. Ja, ich habe Fehler. Ich bin nicht perfekt.« Aber uns selbst als verletzlich zu zeigen und uns damit zu öffnen fällt uns außerordentlich schwer. Wieso ist das so? Wir können uns doch schon vorstellen, dass uns niemand dafür hassen wird, wenn wir unsere Schwächen zugeben? Und wenn es jemanden gibt, der das tut, können wir auf den doch getrost verzichten.

»Den größten Fehler, den man im Leben machen kann, ist, immer Angst zu haben, einen Fehler zu machen.« (Dietrich Bonhoeffer, 1906 – 1945)

Wenn wir unsere Scham überwinden und uns so zeigen, wie wir wirklich sind, brauchen wir Mut und Stärke. Doch diese Stärke bekommen wir mindestens noch mal so stark zurück, wenn wir uns geöffnet haben. Jeder kennt wohl das Gefühl, dass man sich zu etwas überwunden und es geschafft hat. So wie ich in unserem letzten Urlaub einen steilen, engen Pfad entlanggegangen bin, bei dem es auf einer Seite in die Tiefe ging. Was hatte ich davor Angst gehabt, und was freute ich mich hinterher und fühlte mich stark, weil ich sie überwunden hatte! Das war ein gutes Gefühl.

Und wenn man sich überwinden muss, etwas zu tun, macht es das auch leichter, wenn man darüber spricht und sagt: »Das fällt mir schwer. Ich weiß nicht, ob ich es schaffe. Ich habe Angst davor.« Dann öffnet man sich wieder und steht dazu, dass man eine Sache nicht locker hinbekommt, und muss sich nicht verstellen und so tun als ob. Der Gewinn, den man hinterher, nachdem man seine Ängste überwunden hat, verspürt, ist genauso groß, vielleicht sogar noch größer, als hätte man nichts gesagt.

OHNE ÖFFNUNG KEIN EINLASS

Eine Bekannte von mir hatte immer wieder verschiedene Ängste, hat darüber aber mit niemandem gesprochen. Als ich ihr von meinen Ängsten erzählte, brach es aus ihr heraus: »Ich kenne das! Ich habe selbst oft große Probleme damit, mit anderen Menschen zu essen. Ich befürchte dann immer, dass ich mich übergeben muss, einfach so, unmittelbar und auf den Tisch.« Auch, wenn ich unter dieser Angst nun gerade nicht litt, konnte ich sie sehr gut nachvollziehen. Ich habe inzwischen gelernt, dass es fast nichts gibt, vor dem man keine Angst haben kann. So hatte der Sohn einer früheren Klassenkameradin extreme Angst vor Mülleimern. Er konnte sich nicht im selben Raum wie ein Abfalleimer aufhalten, und der Freund einer Nachbarin fürchtet Knöpfe. Wer sich mit seinen Ängsten so alleine abquält, sollte Hilfe annehmen und es dann anders machen als meine Bekannte: Sie ging auf Anraten ihres Hausarztes zum Psychotherapeuten, redete dort aber nicht über ihre Probleme. Sie schämte sich zu sehr und wollte einfach nicht tiefer in ihre Seele gucken. Natürlich ist es immer einfach, als Außenstehender zu sagen: »Der ist Therapeut, ihm kannst du alles sagen!« Doch je nachdem, wie ein Mensch gestrickt ist, kann es einfach wahnsinnig schwer für ihn sein, sich selbst einem geschulten Helfer zu öffnen.

Bei allen Ängsten oder sonstigen (psychischen) Problemen ist es wichtig, dass der Betroffene sich zeigt.

Ich selbst bin da immer eher pragmatisch: Ich denke, der Therapeut hat diesen Beruf gewählt, weil er anderen Menschen gerne helfen möchte, weil er gut zuhören kann und das auch möchte. Er will gar nicht nur dasitzen und sich mit seinem Patienten anschweigen. Oder das letzte Bundesligaspiel diskutieren. Es ist sein Job und er bekommt Geld dafür, sich mit den Problemen anderer, fremder Menschen zu beschäftigen. Er verurteilt niemanden dafür, er labt sich nicht am traurigen Dasein seiner

Mitmenschen, und es zieht ihn auch nicht herunter. So wie ein Innenausstatter gerne vorbeikommt und Vorhänge anbringt oder ein Florist gerne einen Strauß bindet oder ein Arzt einem gerne hilft, Kopfschmerzen loszuwerden, so hilft ein Therapeut gerne dabei, seelische Probleme zu lösen.

Natürlich kann es schwerfallen, seine Schwächen zuzugeben, besonders, wenn man noch nie gern über Gefühle gesprochen hat. Und dann ausgerechnet gegenüber einer fremden Person? Ich finde es gerade gut, dass dieser Mensch mir nicht so nahesteht. Schließlich gibt es so keinerlei Verbindlichkeiten, keine Befangenheiten. Und außerdem ist er oder sie, wenn alles richtig läuft, bald gar keine Fremde/r mehr. Man sucht sich ja eine Person aus, die einem sympathisch ist. Und man merkt recht schnell, so meine Erfahrung, ob man miteinander kann. Auch wenn man sich dann schätzt und einander vertraut, heißt das nicht, dass man mit dem Menschen ein Wochenende im Harz verbringen muss.

Um etwas an sich ändern zu können, was einen stört oder verletzt, muss man sich öffnen. Wer sich weigert zu sprechen, kann wieder nach Hause gehen. Du musst es wollen.

Er ist dann zwar mehr als ein Dienstleister, aber dennoch ist die Beziehung zu seinem Therapeuten/ seiner Therapeutin weit entfernt von einer Freundschaft und sollte es auch sein.

Und es entlastet und tut gut, wenn man endlich einmal über alles sprechen kann. Dazu kommt, dass die meisten guten, erfolgreichen Therapeuten schon länger in ihrem Beruf stehen. Ich denke, sie haben schon so viel gehört, sodass es kaum dazu kommen wird, dass einmal einer ausruft: »Was erzählen Sie da? Das ist ja wi-der-lich! Das möchte ich nicht hören!« und sich dann die Ohren zuhält und lauthals *Auf einem Baum ein Kuhuckuck* singt, damit er deine Geschichte nicht mehr hören muss. Oder dass dich einer wieder rausschmeißt, weil er umgehend selbst eine Sitzung bei seinem Supervisor braucht – nach dem Schock mit dir.

Oder dass er völlig gelangweilt zu dir sagt: »Ach, Sie sind jetzt bestimmt der Vierzigste, der mit diesem Problem ankommt! Haben Sie nicht mal was Neues für mich? Das ist so langweilig!«

Selbst wenn du dein Problem für richtig hanebüchen hältst und denkst, dass du damit niemanden behelligen willst, dann ist vielleicht genau das Teil deines Problems. Achso, du sagst: »Nee, lass mal, das mache ich mit mir selbst aus.«

»Aber du warst seit Monaten nicht mehr draußen!«

»Ich muss gar nicht raus. Ich arbeite doch am Computer!«

»Und einkaufen?«

»Lieferservice.«

»Und soziale Kontakte?«

»Facebook.«

»Ich meine, live?«

»Die Mädels kommen zu mir.«

»Und wie bezahlst du sie? Haben die ein Kartenlesegerät mit? Oder woher hast du Bargeld?«

»Einmal im Monat gehe ich zum Geldautomaten. Nachts. Nachdem ich eine Valium geschluckt habe.«

»Äh, und das findest du alles normal?«

»Ja. Völlig. Ich fühle mich wohl so. Jedenfalls wohler, als wenn ich raus müsste!«

»Das. Ist. Nicht. Normal.«

»Für mich schon.«

»Und Vitamin D? Du weißt schon, Tageslicht! Das ist wahnsinnig wichtig für alles!«

»Es gibt Tabletten.«

»Aber du versäumst ne Menge Partys!«

»Ich hasse Partys!« und so weiter …

Dieser Person ist wahrscheinlich nicht mehr zu helfen. Es gilt auch nicht den anderen zu helfen. Wir können das nicht. Wir können ihnen nur erzählen, was sie alles versäumen und dass das Leben viel schöner ist, wenn wir uns wieder frei bewegen können, weil wir uns Hilfe geholt haben.

Gibt es auch Therapeuten, die ins Haus kommen? Oder muss das der erste Schritt sein, das »Selbst-zum-Therapeuten-Gehen«? Eigentlich eine Marktlücke für die vielen soziophoben Menschen. Dann könnte man das gleich noch mit Friseur, Fußpflege und Personal Trainer kombinieren. Und mit dem Lieferservice. Also: Ein fußpflegender Friseur, der Pizza mitbringt und die gleich wieder mit einem abtrainiert, während er einen psychisch aufbaut. Das klingt nach einer Marktlücke. Wenn er dann noch gut vorlesen kann …

Mhm, mal überlegen.

HOPP, AUF DIE COUCH!

Meistens hilft es einem Menschen, der unter bestimmten Ängsten oder anderen ihn schwächenden Gefühlen leidet, sogar schon, sich seinem nächsten Umfeld zu offenbaren. Und damit meine ich nicht: »*Alexa*, ich habe Angst!«, sondern echten Menschen gegenüber. (Übrigens sagt *Siri*, wenn ich ihr meine Furcht gestehe: »Einatmen – ausatmen – einatmen – ausatmen. – Jetzt noch mal wiederholen.« Das finde ich ziemlich gut! Es ist nämlich wichtig und hilfreich, sich bei Angstgefühlen auf seine Atmung zu konzentrieren.)

Doch es tut unheimlich gut, mit einem anderen Menschen über seine Probleme zu reden. Und sehr oft gerät man an eine Person, die ähnliche Gefühle oder Situationen sogar kennt. Neulich war ich auf dem Geburtstag einer Freundin, die ich über die Jahre aus den Augen verloren hatte. Dort erzählten gleich drei Leute von ihren Ängsten beziehungsweise denen ihres Partners. Ich habe mich mit etwa zehn Leuten intensiver unterhalten, davon kannten drei (!) krank-

Ein mitfühlender Mensch hat mit Sicherheit schon mal irgendwie bei irgendwem irgendwas von dessen Problemen gehört. Das gehört zum Leben und zu guten Freundschaften dazu.

hafte Ängste und Panikattacken aus eigener Erfahrung oder von ihrem Partner.

Und wenn dir das nicht Beruhigung genug ist: Leute, die noch nie etwas von anderer Menschen Nöten und Problemen gehört haben und jemanden, der sich ihnen damit öffnet, doof finden – die kannst du nun wirklich in der Pfeife rauchen.

Was befürchtest du, wenn du zu einem Therapeuten gehst? Dass deine Freunde es herausfinden könnten? Wenn sie wirklich deine Freunde sind, unterstützen sie dich in deiner Entscheidung. Wenn nicht, vergiss sie. Oder befürchtest du, dass dir eine Therapie gar nicht helfen kann? Bestellst du dann bei einem neuen Italiener auch lieber nichts zu essen, aus Angst, es könnte dir nicht schmecken, selbst wenn du einen riesigen Hunger hast? (Ja, ich mag meine Bilder auch!)

Und wenn dir ein Freund von seinen Problemen erzählt, wendest du dich dann ab von ihm, möchtest nichts mehr von ihm wissen und verfluchst ihn für alle Zeiten und erzählst all euren gemeinsamen Bekannten davon? Dann wart ihr nicht so gute Freunde. Fakt ist doch, dass du deinen Freund für seine Offenheit bewunderst! Und erst recht dafür, dass er sich bei einem Psychotherapeuten Hilfe holt! Weil es ihn sicher auch etwas Überwindung kostet. Wenn du ihn dafür bewundern würdest, glaubst du nicht, er würde auch dich dafür feiern?

Und wenn du beim Psychotherapeuten Angst hast, dass er etwas weitererzählen könnte: Sei dir sicher, sooo wichtig bist du für ihn jetzt auch nicht, dass er mit deinem Fall herumprahlen möchte! Und selbst wenn er es wollte, er dürfte es gar nicht, er unterliegt doch der Schweigepflicht! Und die Sache damals, mit deinen Feigwarzen, die geht nun wirklich nur dich und deinen Gynäkologen etwas an!

Du fragst: Was ist, wenn ich gar nichts habe und der Therapeut lacht mich nur aus? Erstens: wird das nie geschehen, dass dich ein Therapeut auslacht. Zweitens: Du hast doch wirklich einen hohen Leidensdruck, sonst würdest du oder dein bester

Kumpel nicht auf die Idee kommen, dass du mal einen Therapeuten aufsuchen solltest. Drittens: Was du eigentlich hast und was vielleicht gar nicht so schlimm ist, kannst du am besten mit fachlicher Hilfe herausbekommen. Googeln und Bücher ausleihen kann dich nämlich richtig kirre machen. Es steht auch ganz schön viel Quatsch im Internet, und die Quellen sind oft nicht sicher. Und dir selbst hinterm Hauptbahnhof Beruhigungspillen besorgen – schlechte Idee. Du weißt doch gar nicht, was dir wirklich hilft in deiner Situation. Glaubst du wirklich, Susiemaus73 aus M., die du noch nie

Es ist völlig normal, zu einem Psychotherapeuten zu gehen, wenn die Seele wehtut. Du gehst ja auch zum Zahnarzt, wenn du Zahnschmerzen hast.

im Leben gesehen hast, geschweige denn mit ihr gesprochen hast, weiß das besser als einer, der das studiert hat, sich seit Jahren mit nichts anderem beschäftigt und der dich in seiner Sprechstunde kennenlernt?

Außerdem kannst du auch lügen, wenn es dir damit besser geht. Schließlich kannst du selbst entscheiden, wem du dich öffnest. Und wenn dann Mr. Right, den du schon seit Wochen anschwärmst, dir im Wartezimmer des Psychotherapeuten begegnet, kannst du ihn forsch fragen: »Auch Schlafstörungen?« Oder du nimmst es zum Anlass, ihm von deinen wirklichen Problemen zu erzählen, und er bewundert dich für deine Offenheit, verliebt sich sofort in dich und erzählt dir, dass er Sex mit Flaschenöffnern geil findet, und so bist du wenigstens von ihm geheilt. Oder so...

Herr Dr. Zorawski, wie bringen Sie einen Patienten dazu, sich Ihnen gegenüber zu öffnen?

Sich hinsichtlich seiner Probleme zu öffnen ist eine sehr wichtige Voraussetzung für einen erfolgreichen Therapieverlauf. Wird man körperlich untersucht, muss man sich meist auch ausziehen, damit der Arzt eine Diagnose stellen kann. Allerdings ist das Öffnen keine

Fähigkeit, die man hat oder nicht. Einigen Menschen fällt dies auf-
grund ihrer Persönlichkeit eher schwer. Zum Glück ist diese Fähig-
keit erlernbar. Es ist ein Prozess, bei dem der erste Schritt, nämlich
den Therapeuten aufzusuchen, schon gemacht ist. Und dieser kann
dem Patienten dabei helfen, sich zu öffnen. Die therapeutische Be-
ziehung ist zwar professionell, die Rollen sind klar definiert und das
Anliegen einseitig. Dennoch ist ihre Qualität ein bedeutsamer Wirk-
faktor. Dabei sollte der Therapeut empathisch, kompetent und au-
thentisch wirken, Geduld und ehrliches Interesse mitbringen sowie
Ruhe und Gelassenheit ausstrahlen.

Das Ausmaß, in dem sich ein Therapeut gegenüber seinen Pa-
tienten auch selbst öffnet, hängt vom therapeutischen Ansatz, von
seiner Persönlichkeit und Haltung ab. Ich habe gute Erfahrungen
damit gemacht, in begrenztem Rahmen auch etwas von mir preiszu-
geben. Das wirkt sich wohl auch deshalb therapeutisch positiv aus,
weil der Patient erlebt, wie jemand sich ihm gegenüber öffnet, ohne
zu fürchten, deshalb bewertet zu werden. Der Therapeut kann also
eine Art Rollenmodell dafür sein, sich nicht schämen zu müssen, als
auch dafür, der Umwelt ein höheres Maß an Empathie und Ver-
ständnis zuzutrauen. Humor und Selbstironie stellen ebenfalls ein
gutes therapeutisches Mittel dar: Zusammen mit dem Therapeuten
über sich selbst schmunzeln zu lernen, ohne sich dabei auszulachen.
Wenn das gelingt, ist schon ein wichtiger Schritt getan. Auch kön-
nen anonyme Anekdoten und Geschichten anderer, die mal ein ähn-
liches Problem hatten, dem Patienten helfen. Es fühlt sich für viele
eben beruhigend und ermutigend an, nicht allein zu sein mit der
Art und Weise, wie man tickt.

Hatten Sie auch schon einmal eine/n Patienten/-in, der/die sich nicht richtig geöffnet hat?

Ein Problem mit dem Problem zu haben, zum Beispiel, Scham auf-
grund seiner Depression oder Ängste zu verspüren, ist weit verbrei-
tet. Aber in der Regel öffnen sich die meisten Patienten ausreichend,
um therapeutische Fortschritte machen zu können. Ich bekomme

auch regelmäßig mit, dass Patienten sich anderen Personen nicht öffnen, zum Beispiel gegenüber ihrem Partner oder ihren Freunden. Vor allem sollen meist der Chef und die Kollegen nicht mitbekommen, dass etwas nicht stimmt oder dass man eine Therapie macht. Meiner Erfahrung nach waren die meisten Patienten jedoch eher positiv überrascht, wenn sie sich bei der Arbeit oder im Freundeskreis mehr geöffnet und dafür meist Mitgefühl und Entgegenkommen statt Ablehnung erhalten haben.

Geschenke unter Freunden

Als mein Vater nach dem Tod meiner Mutter an den Niederrhein zog, bekam er unter den feierfreudigen Einheimischen schnell Kontakt. Ein guter Freund wurde Wilhelm, ein Landschaftsgärtner im Ruhestand. Wilhelm hatte seinen Betrieb, bevor er ihn an den Sohn weitergegeben hatte, über viele Jahrzehnte erfolgreich geführt und vergrößert. Aus dem kleinen Ort am Niederrhein war er nie länger hinausgekommen, aber hier kannte ihn jeder, und er war mit unzähligen Leuten befreundet, schleppte meinen Vater auf sämtliche Feste mit und führte ihn in die Dorfgemeinschaft ein. Ich habe Wilhelm als einen neugierigen, vielseitig interessierten Menschen kennengelernt, der nach der Schule sofort in den Landschaftsgärtnerbetrieb seines Vaters eingestiegen ist und von da an sehr viel gearbeitet hat. Er ist offen für vieles und saugt alles Neue auf wie ein Schwamm.

Mein Vater, der in der Stadt studiert und auch einige Auslandsaufenthalte hinter sich hat, der sich für Kunst und Musik interessiert und gerne auch mal exotische Speisen kocht und ausprobiert, hat Wilhelm neue Welten eröffnet. Und zwar, weil Wilhelm fragt. Er täuscht nicht vor, dass er alles weiß und kennt, sondern fragt neugierig nach, wenn ihm etwas neu ist, lässt sich alles erklären und ist aufgeschlossen für Veranstaltungsvorschläge von meinem Vater.

Das finde ich großartig! Wie viele Menschen gibt es, die denken, sie geben sich lieber nicht die Blöße ihres Nichtwissens! Sagen: »Jaja, klar!«, wenn sie gefragt werden, ob sie nicht auch die Zentralperspektive der Altniederländischen Malerei in der Frührenaissance überraschend finden – und wechseln dann schnell das Thema zum neuesten *Big-Brother*-Haus-Auszug?

Wilhelm fragt: »Wie muss ich mir das mit diesem Carsharing vorstellen? Wie isst man Schnecken? Was macht ein Controlling-Leiter?« Und will es ganz genau wissen. Immer weiter, bis er es verstanden hat. Interessiert, wissbegierig. Und er merkt sich, was er gelernt hat.

Im Gegensatz zu vielen anderen, befürchtet er keine negativen Konsequenzen, wenn er fragt, sondern freut sich über das Neue, das er kennenlernt. Und damit erntet er nicht etwa abschätzige Bemerkungen oder: »Wie, das weißt du nicht?«-Reaktionen, sondern Wohlwollen und Respekt.

Wie heißt es so schön schon in der Sesamstraße: »Wer nicht fragt, bleibt dumm.«

Es kommt bei den Mitmenschen wesentlich besser an, wenn ich mich mit meinem Nichtwissen zeige, wenn ich klar bin und sage: »Das kenne ich nicht. Kannst du es mir erklären?« Es gibt auch dem anderen ein gutes Gefühl, weil er etwas hat (Wissen), von dem er mir, dem Fragenden, etwas abgeben kann. Wir schenken uns beide etwas: Ich schenke dir mein Vertrauen, dass du mit meinem Nichtwissen respektvoll umgehst, und du schenkst mir ein Stück von deinem Wissen.

ABSEITSREGELN

Es ist ausnahmslos immer die bessere Wahl, nachzufragen. Also, äh, das heißt nicht ausnahmslos immer. Es gibt auch Gebiete, bei denen man sich, wenn man keine Ahnung hat, klar zurückhalten muss. Ich sage nur: Fußball. Und: Ich habe wahrlich keine Ahnung von Fußball. Wirklich überhaupt keine Ahnung, auch nicht die leiseste. Jemanden fragen? Nein. Das traue ich mich nicht, schon allein, weil ich eine Frau bin. Als Frau muss man sich noch besser beim Fußball auskennen als als Mann. Mit Halbwissen oder Dreiviertelwissen kommt man nämlich nicht weit und wird ausgelacht. Und das ist ein so sensibles Thema, das Thema Fußball, dass ich es sogar verstehe, wenn man mich auslacht. Entweder, ich interessiere mich dafür, dann weiß ich wirklich alles darüber, auch, dass Uwe Seeler 1983 im Rückspiel gegen Italien in der Nachspielzeit den Ausgleich doch noch geschafft hat oder Ähnliches.

Ich sehe einige Leserinnen, die jetzt überlegen: Hä? Gegen Italien? War das nicht Beckenbauer 1984 in Luzern gegen die Tschechoslowakei, mit dem Mittelfuß ins Finale geschlenzt? Kann sein, dass ich da etwas verwechsle, ich habe nämlich wirklich überhaupt keine Ahnung und bin deshalb lieber still.

Für Weltmeisterschaften und Ähnliches, die ich ja sehr gerne verfolge, habe ich mir angewöhnt, nur ab und zu ein langgezogenes: »Oooouhh!« hören zu lassen, oder ein: »Was?! In England pfeift das kein Schiri!«, natürlich an der jeweils passenden Stelle. Manchmal kommt auch ein anerkennendes Luft-durch-die-Zähne-Ziehen sehr gut an. Mit diesen drei Äußerungen komme ich beim Fußballgucken zwar recht weit, bin mir aber durchaus bewusst, dass ich mein Wissen noch erweitern müsste.

Hier traue ich mich aber nicht, einen kenntnisreichen Mann oder eine wissende, fußballbegeisterte Frau anzusprechen, denn die haben herzlich wenig Verständnis dafür, warum man denn überhaupt Fußball gucken möchte, wenn man keine Ahnung hat. Und sowas wie: »Na, ich gucke wegen Mats!« ist ganz schlecht. Da kriegt man richtig Probleme, wenn man das zugibt. Auch wenn ich hier immer schreibe, man soll stets zu allem stehen, beim Fußball gelten andere Gesetze. Auch nicht von Paul Breitner oder Pierre Littbarski anfangen oder etwas gegen die Bayern sagen – oder gerade ganz viel gegen die Bayern sagen. Das muss man erspüren, in welchem Milieu man sich gerade bewegt – ich habe keine Ahnung, aber das weiß ich.

In Demut das Spiel gucken, und nur, wenn man das Gefühl hat, man wird komisch angeguckt, weil man sich gar nicht äußert, dann nur mit entweder »Oooouhh!« oder »In England pfeift das kein Schiri!«. Alles andere will niemand von jemand, der keine Ahnung hat, hören. Und: Wenn man diese zwei bis drei Äußerungen von sich gibt, läuft man auch kaum Gefahr, dass man näher zu irgendeiner Spielsituation befragt wird.

FRAGEN BEDEUTET STÄRKE ZEIGEN

In anderen Situationen: Immer fragen! So haben Studien ergeben, dass Arbeitnehmer, die ihre Kollegen öfter mal um Rat fragen, besonders kompetent wirken. Vielleicht schon allein, weil sie es sich trauen? Weil sie nicht mit negativen Konsequenzen rechnen? Weil sie so selbstbewusst sind, dass sie um Rat und Hilfe bitten.

Wer ständig denkt: Wie kann ich nur, wer bin ich denn, warum sollte der mir helfen? Ausgerechnet mir, ich Unwürdige, ich Nichts? Der macht lieber alles alleine oder bezahlt dafür. Aber auch hier gilt: Ich werde als selbstsicher wahrgenommen, wenn ich mir Hilfe hole. Wenn ich frage, ob mir der Nachbar mal eben hilft, den Sack Blumenerde auf den Balkon zu hieven. Wenn ich eine Freundin frage, ob sie in meinem Urlaub Blumen gießen kann, und mir nicht im voraus schon dutzende Gründe überlege, warum sie das eigentlich ablehnen muss: Wir wohnen im vierten Stock ohne Fahrstuhl, wenn der Sommer wieder so heiß wird wie der letzte, muss sie vielleicht manchmal sogar zweimal zum Gießen kommen. Sie wohnt zwar nur um die Ecke, aber hat selbst keinen Balkon, ich kann mich also nicht revanchieren und so weiter und so fort... Ich zerbreche mir ihren Kopf, anstatt sie einfach zu fragen. Sie ist erwachsen und kann mir sagen, ob sie es machen möchte oder nicht. Ich weiß: Wenn ich gefragt werde, mache ich das natürlich. Aber meine Freundin hat jedes Recht, meine Bitte abzu-

Es zeugt von einem gesundem Selbstwert, jemanden um etwas bitten zu können.

lehnen. Und selbst solche Gedanken, wie: »Es ist ihr bestimmt zu viel, sie wird sich aber nicht trauen, mir das zu sagen«, sind unnötig. Sie ist erwachsen und kann es selbst entscheiden. Und sich sogar noch einmal umentscheiden. Ich muss mir nicht ihren Kopf machen, sondern einfach fragen.

Ich schreibe das so locker hin, aber mir selbst fällt es unheimlich schwer. Als wir umgezogen sind, war es mir so unangenehm, meine neuen Nachbarn zu fragen, ob sie sich bei unserem anstehenden Urlaub um unsere Balkonpflanzen kümmern könnten. Natürlich wäre ich sofort bereit gewesen, für alle Parteien in dem Mietshaus Blumen zu gießen, ging aber davon aus, dass es für die anderen sehr lästig sein musste. Wie glücklich war ich, als ich bei Nachbarn zwei Stockwerke unter uns, die wir nur vom Grüßen aus dem Hausflur kannten, klingelte und diese auch noch jemanden für ihren Urlaub suchten. Als ich wusste, ich kann ihnen etwas zurückgeben, hatte ich keine Scheu mehr. Wie dämlich. Ich entwerte damit auch meine Nachbarn, wenn ich ihnen nicht zutraue, mir zu sagen, was sie möchten.

ICH BIN'S

Ich habe als Selbstständige den Vorteil, dass ich mich nie irgendwo um einen Job bewerben musste. Stets hatte ich meine Comedy-Programme im Gepäck und brauchte nur noch einen Ort, an dem ich auftreten konnte. Was ich da dann machte, war Bewerbung genug. Und so bekam ich auch recht schnell eine Agentur, ohne wirklich dringend eine gesucht zu haben. Ein Vorstellungsgespräch hatte ich nur einmal in einer WG, und da war meine größte Sorge, dass ich vielleicht keine Einweihungsparty machen können durfte. Aber meine Mitbewohner in spe fanden die Vorstellung (also meine) so gut, dass wir noch vor meinem Einzug anfingen, die Party zu planen. Aber ein berufliches Vorstellungsgespräch?

Doch, nach dem Ende meiner Bühnenkarriere schrieb ich eine Bewerbung an einen Verlag, der eine Werbetexterin suchte. Allerdings waren mein Freund und eine sehr gute Freundin mir dabei behilflich, weil ich mir das Anschreiben vollkommen anders vorgestellt hatte, als es wohl gemeinhin üblich ist. Es gibt da so viele Formalitäten ... Gott sei Dank kam es nie zu einem Vorstellungsgespräch. Ich stelle es mir relativ schrecklich vor. Wie viel Posen gehört dazu, wenn man den Job wirklich, wirklich will? Sollte man das dann auch so sagen? »Ich will diesen Job so sehr, wie ich noch nie irgendetwas gewollt habe, bis auf, vielleicht, diese geblümten *Kenzo*-Cordshorts, die ich mir dann im Schlussverkauf endlich leisten konnte, als schon längst nicht mehr das Wetter war, um sie zu tragen.«

Ist es ratsam, sich so weit aus dem Fenster zu lehnen, oder läuft man Gefahr, zu fallen? Sollte man schön mit seinen Schwächen hinterm Berg halten und einfach mit viel Auswendiggelerntem zur Geschichte der Firma, bei der man sich bewirbt, protzen? »Mich berührt die Familiengeschichte Ihres Firmengründers, der ja, wie gemeinhin bekannt, am 7.2. anno 1867, ich meine, es war ein Dienstag, den Geistesblitz hatte, genau hier an dieser Stelle, wo jetzt das Hauptgebäude, das ja erst kürzlich komplett renoviert wurde, wobei man peinlich genau darauf geachtet hat, den ursprünglichen Charme des Ziegelbaus aus dem ausgehenden 19. Jahrhundert zu erhalten ... – äh, wo war ich stehengeblieben?« Und sollte man wirklich aus einer Bestellung beim Italiener, derer man, seit man dort regelmäßig essen geht, muttersprachlich mächtig ist, »grundsolide Italienischkenntnisse« machen oder aus dem wöchentlichen Besuch des Fitnessstudios Teamfähigkeit? Oder ist es ratsam, auch bei einer Selbstpräsentation echte Schwächen zuzugeben? Ich denke schon. Wenn ich jemanden vor mir sitzen hätte, der selbstverliebt von seinen Fähigkeiten schwärmt, wäre er mir unsympathisch und käme mir unehrlich vor. Aber wenn mir jemand offen sagt, was ihm schwerfällt, und wo er aber doch ganz geschickt drin wäre – da würde er mich für sich einnehmen und das gefiele mir.

Ja, es ist nicht nur richtig, sondern geradezu förderlich, seine »Mängel« offenzulegen. So fanden Forscher des University College London heraus, dass jemand, der sich im Bewerbungsgespräch selbstkritisch und mit seinen Schwächen zeigt und somit authentisch ist, seine Chancen auf den Job um das Fünffache steigert. Zu diesem Ergebnis waren sie in drei Studien mit insgesamt rund 2000 Probanden gelangt. Wer sich also zu perfekt präsentierte, schnitt viel weniger gut ab als jene, die einen ungeschminkten Eindruck von sich selbst vermittelten.

Authentisch sein, zu unseren (vermeintlichen) Schwächen stehen, das macht uns – bei aller Verletzlichkeit – stark und liebenswert.

Witz, komm raus!

Es ist für viele der absolute Albtraum: Sich vor ein Publikum zu stellen und etwas vorzutragen. Und seien es nur die Geschäftszahlen des vergangenen Quartals. Ich kenne Lehrer, die ihren Beruf jedes Mal am liebsten tauschen würden, wenn ein Elternabend ansteht. Sie, die täglich vor eine Meute von Kindern stehen und diese im Zaum halten müssen, haben heftiges Lampenfieber, wenn es darum geht, deren Vätern und Müttern Rede und Antwort stehen zu müssen.

Lehrer können nicht einfach gehen, wenn es ihnen reicht vor lauter Helikoptern um sie rum, sie stehen im Mittelpunkt der Aufmerksamkeit und fühlen sich nackt und ungeschützt. Verletzlich.

Ich kenne das gut, dieses Messen mit zweierlei Maß: An der Uni ein Referat vortragen zu müssen war für mich eine furchtbare Vorstellung. Einmal hielt ich in der Gruppe ein Referat, das ging einigermaßen. Aber alleine meine Erkenntnisse über Aristoteles' Rhetorik ernsthaft vor anderen, bestimmt sehr viel schlaueren Philosophiestudenten vorzutragen – das war für mich keine Option. Ich schämte mich schon einmal prophylaktisch für meine Unkenntnis von allem. Selbst im Seminar habe ich mich nur im Notfall gemeldet, ich war mir die ganze Zeit sicher, die Doofste von allen zu sein.

Ich hatte überhaupt kein Selbstvertrauen, konnte es aber auch nicht aufbauen, weil ich es gar nicht erst versucht habe. Scheitern war für mich keine Option, und im Nachhinein ist das schade. Denn hätte ich es damit mal versucht, hätte ich gemerkt, dass die Erde sich nicht aufgetan und mich in den Abgrund gerissen hätte, dass ich nicht mit Schimpf und Schande von der Uni geworfen worden wäre, dass mich nicht alle verachtet hätten – dessen bin ich mir heute sicher. Aber damals war es genau das, was mir – wie ich meinte – am Allerwahrscheinlichsten passieren würde, würde ich etwas an der Uni öffentlich von mir geben.

Ganz anders auf der Bühne: Zwar hatte ich in meiner Kabarett-Anfangszeit sehr starkes Lampenfieber, das darin kulminierte, dass ich mich vor den ersten Auftritten regelmäßig übergeben musste. Aber das hielt mich nicht davon ab, dennoch auf die Bühne zu wollen. Natürlich ist man auf einer Kabarettbühne verletzlich, man steht da vorne im Scheinwerferlicht und ist unmittelbar dem Publikum ausgeliefert, auch wenn man es sich selbst so ausgesucht hat.

Nun ist es so, dass wir spielen auf der Bühne. Wir mögen so scheinen, wie wir privat sind, aber Tatsache ist, dass wir eine Rolle spielen. Was gut ist: Wir können das, was uns nicht so gut an uns gefällt, was wir gerne anders hätten, thematisieren. Es ist sogar ein goldener Grundsatz der Stand-up-Comedy, mit seinen augenscheinlichen und weniger auffälligen »Schwächen« zu spielen. Menschen lieben es, wenn ein dicker Mann auf die Bühne kommt, sich hinter das Mikrofonstativ stellt und fragt: »Könnt ihr mich jetzt noch sehen?« oder Ähnliches. Ein langer, dünner Mann mit riesigem Gebiss wird eben jenes thematisieren, und das Publikum wird ihn dafür lieben.

Zwar ist es eine Rolle, die wir spielen, aber es steckt viel von uns darin, und wenn wir uns als Komikerin oder Comedian öffnen und Witze über uns selbst machen, können wir uns von unseren vermeintlichen Schwächen auch distanzieren und sie besser annehmen. Sobald ich erzähle, dass ich so vergesslich bin, dass ich, wenn ich etwas googeln möchte, schon auf dem Weg zum Computer vergessen habe, was ich googeln wollte, finde ich diese an sich nervige Tatsache gar nicht mehr so schlimm. Oder wenn ich davon berichte, dass ich einer Freundin von einem Film vorschwärme und ihr dringend rate, den unbedingt anzugucken, und sie sagt nur: »Da waren wir zusammen drin«, finden sich manche Leute im Publikum wieder. Es freut sie, an ihre Zerstreutheit erinnert zu werden, es wirkt auf sie sympathisch, wenn ich mich mit Fehlern und Unsicherheiten zeige. Kein Wunder, ist der Clown auch (zumindest für viele Menschen) ein Sympathieträger, er stolpert von einem Fettnäpfchen ins nächste, ist dabei aber nicht traurig und benötigt auch nicht unser Mit- leid, denn er lacht.

Ich finde es charmant, sich über sich selbst lustig zu machen. Sich nicht so ernst zu nehmen. Andere auf der Bühne bloßzu- stellen – das geht nicht. Wenn

Das Schöne an der Comedy ist ja, dass man sich von seinen persönlichen Schwächen und seiner Scham wunderbar distanzieren kann, wenn man sich über sie lustig macht.

überhaupt, dann darf man sich über gut situierte, gesunde Men- schen lustig machen, und auch bei denen sollte der Witz intel- ligent sein. Nie »nach unten« Gags machen, Opfer verhöhnen, arme Menschen an den Pranger stellen, das ist zu verletzend. Und wenn man »nach oben« Witze macht, also etwa Politiker oder Menschen aus dem Showbusiness aufs Korn nimmt, dann sollte man gleichzeitig auch sich selbst gegenüber Spaß verstehen und welchen machen. Denn wir haben Macht da oben auf der Bühne, mit dem Mikro in der Hand. Wir können dafür sorgen, dass über andere gelacht wird. Diese Macht sollten wir nicht missbrauchen.

Dass wir verletzlich sind, kommt uns dabei zugute. Nie- mand möchte einen perfekten Menschen auf der Bühne, der sich nur über andere lustig macht und so tut, als sei er unfehl- bar. Sympathisch und liebenswert ist immer ein Mensch, der zu seinen Fehlern steht und über sich selbst lachen kann. Auf der Bühne und im wahren Leben.

»Achilles — ohne seine Ferse würde man heute nicht einmal seinen Namen kennen.«

Stan Lee (US-amerikanischer Superhelden-Erfinder, 1922–2018)

BÜCHER UND ADRESSEN, DIE WEITERHELFEN

Bücher der Autorin

Keine Panik, liebe Angst: Wie die Angst in mir wuchs und ich an ihr.
GU

mit Nadine Jessler (Illustrationen):
Die fabelhafte Weihnachtswelt der Emily: Eine Geschichte in 24 heiteren Kapiteln

Bücher von anderen Autoren

Brahm, Ajahn:
Die Kuh, die weinte –
Buddhistische Geschichten über den Weg zum Glück
Lotos

Brown, Brené:
Verletzlichkeit macht stark: Wie wir unsere Schutzmechanismen aufgeben und innerlich reich werden
Goldmann

Tolle, Eckhart:
Jetzt! Die Kraft der Gegenwart
Kamphausen

Bücher aus dem GU-Verlag

Brumfitt, Taryn:
Embrace Yourself – Wie wir bedingungslose Selbstliebe finden

Haller, Reinhard:
Das Wunder der Wertschätzung.
Wie wir andere stark machen und dabei selbst stärker werden

Heintze, Anne:
Ich spüre was, was du nicht spürst. Wie Hochsensible ihre Kraftquellen entdecken

Kirschner-Brouns, Suzann;
Roemer, Cordula:
Hochsensibel. Leichter durch den Alltag ohne Reizüberflutung

Adressen, die weiterhelfen

MBSR-Eppendorf
Katharina Schacht und Sabine Bergmann
Lokstedter Weg 36
20251 Hamburg
www.coaching-mbsr-hamburg.de

MBSR-Verband
Hier finden Sie Achtsamkeits-angebote von zertifizierten MBSR-LehrerInnen nach PLZ sortiert
www.mbsr-verband.de

DANK

Bedanken möchte ich mich bei allen, die dieses Buch mit ihren Beiträgen bereichert haben: Dank an Dr. Michael Zorawski für seine klugen Antworten, Dank auch an Axel Hacke, Eckart von Hirschhausen und Carolin Kebekus, dass sie uns mit ihren Antworten einen Einblick in ihre verletzlichen Seiten gegeben haben, und vielen Dank an Katharina Schacht und Sabine Bergmann für ihr Engagement auf dem Gebiet der Achtsamkeit und das interessante Interview.

Auch danke ich meiner Lektorin Anna Cavelius, mit der zu arbeiten einfach riesigen Spaß macht und von der ich mich gut verstanden fühle, sowie bei Anja Schmidt und Ulrich Ehrlenspiel vom GU-Verlag, die mich mit ihren Ideen wunderbar unterstützen.

Vielen Dank auch an meine Literaturagentin Nina Arrowsmith für ihren Rat und ihre Unterstützung.

MEHR ENERGIE,
MEHR WOHLBEFINDEN!

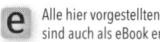

IMPRESSUM

© 2019 GRÄFE UND UNZER
VERLAG GmbH, München

Alle Rechte vorbehalten. Nachdruck,
auch auszugsweise, sowie Verbrei-
tung durch Bild, Funk, Fernsehen
und Internet, durch fotomechanische
Wiedergabe, Tonträger und Daten-
verarbeitungssysteme jeder Art nur
mit schriftlicher Genehmigung des
Verlages.

Projektleitung: Anja Schmidt

Lektorat: Anna Cavelius

Layout & Umschlaggestaltung:
independent Medien-Design
GmbH, Horst Moser, München

Bildnachweise
Coverillustration: Serge Bloch
Autorinnenfoto: Monika Schuerle

Herstellung: Markus Plötz

Satz: Uhl + Massopust, Aalen

Repro: repro Ludwig, Zell am See

Druck und Bindung: C. H. Beck,
Nördlingen

ISBN 978-3-8338-6857-3

1. Auflage 2019

Die **GU Homepage** finden Sie im
Internet unter **www.gu.de**

LIEBE LESERINNEN UND LESER,
wir wollen Ihnen mit diesem Buch Informationen und
Anregungen geben, um Ihnen das Leben zu erleich-
tern oder Sie zu inspirieren, Neues auszuprobieren.
Wir achten bei der Erstellung unserer Bücher auf
Aktualität und stellen höchste Ansprüche an Inhalt und
Gestaltung. Alle Anleitungen und Rezepte werden von
unseren Autoren, jeweils Experten auf ihren Gebieten,
gewissenhaft erstellt und von unseren Redakteuren/
innen mit größter Sorgfalt ausgewählt und geprüft.
Haben wir Ihre Erwartungen erfüllt? Sind Sie mit diesem Buch und seinen Inhalten zufrieden? Haben Sie
weitere Fragen zu diesem Thema? Wir freuen uns auf
Ihre Rückmeldung, auf Lob, Kritik und Anregungen,
damit wir für Sie immer besser werden können. Und
wir freuen uns, wenn Sie diesen Titel weiterempfehlen,
in Ihrem Freundeskreis oder bei Ihrem online-Kauf.
Sollten wir Ihre Erwartungen so gar nicht erfüllt
haben, tauschen wir Ihnen Ihr Buch jederzeit gegen
ein gleichwertiges zum gleichen oder ähnlichen
Thema um.

KONTAKT
GRÄFE UND UNZER VERLAG
Leserservice
Postfach 86 03 13
81630 München
E-Mail: leserservice@graefe-und-unzer.de
Telefon: 00800 / 72 37 33 33*
Telefax: 00800 / 50 12 05 44*
Mo-Do: 9.00-17.00 Uhr
Fr: 9.00-16.00 Uhr (*gebührenfrei in D,A,CH)

Umwelthinweis

Dieses Buch wurde auf PEFC-zer-
tifiziertem Papier aus nachhaltiger
Waldwirtschaft gedruckt.

Ein Unternehmen der
GANSKE VERLAGSGRUPPE

www.facebook.com/gu.verlag